「結果がすべて」の世界で
速さと成果を両取りする仕事術

ベンチャーの作法

VENTURE'S WAY

キープレイヤーズ代表
高野秀敏
Takano Hidetoshi

ダイヤモンド社

いつも忙しい。
人手が足りない。
会社の戦略が微妙。
仕組みが存在しない。
課題が放置されている。
速さと成果が求められる。

そんな世界で
活躍する方法を
知りたくはないか？

突然だが、想像してみてほしい。

あなたが新規プロジェクトを進めていくとする。
手順や進め方がわからないあなたは、どうするだろうか?

きっと、**まずは上司や先輩に指示を仰ぐだろう。**
社会人として当然の判断だ。

次は、あなたの部署が新サービスの立ち上げを指示された場面。
正直なところ、あなたはこう感じたとする。

「これ、コンセプトやターゲットが曖昧だな……」

おそらく、**上司に提言するだろう。**
「もう少し戦略を練ってから着手したほうがいいのでは?」

意見を率直に伝える姿勢は評価を得るかもしれない。

もうひとつだけ、別の場面を想像してみよう。

部署の働き方や組織の仕組みに、課題を見つけたとする。

「全員が参照できるよう、過去資料をまとめるべきでは？」

「プロモーション戦略をもっと綿密に練るべきでは？」

「営業部の人員が足りていないので人を採用しては？」

組織には放置されている課題がいくつも存在する。

気づいたあなたは、**組織のために上司や社長に提案するだろう。**

いずれも社会人として模範的な考え方であり、行動だ。

あなたが成熟期に入った企業で働いているのなら、それでいい。

しかし成長途上の組織なら、話が変わる。

先ほどの行動は、上司や経営者にどう思われるだろうか。

まず、プロジェクトの進め方を確認した場面。
きっと、こう返される。

「任せるから、ちょっと考えてみて」

そして相手は内心で、こう吐き捨てている。

「**こっちも忙しいんだから、いちいち聞かないでよ**」

次に、新サービスの戦略について意見した場面。
あなたの意見は受け入れられるだろうか？

きっと、こう思われてしまうだろう。

「つべこべ言わずに、早く手を動かしてよ」

最後に、部署や組織の課題に気づき、指摘した場面。

断言しよう。

「提案してくれてありがとう」だなんて、言われはしない。

「わかってるなら、あなたがやってよ」

こう思われて終わりだ。

主体性のない指示待ち人間。

すぐ行動しない頭でっかち。

理想論を語るだけの評論家。

模範的に見える行動も、成長途上の企業では、そう解釈される。
そして、不要な存在だと思われてしまう。

どちらの働き方が良いとか悪いとかの話ではない。
大企業や中堅企業といった成熟企業と、
ベンチャーやスタートアップと呼ばれる成長途上の企業では、
求められる働き方が根本的に異なるのだ。

成長途上の企業が求めていること。
それは、

結果だ。

つまり求められる人材は、

結果を出せるやつだ。

そして、そのためにあなたがとるべき行動は、

自ら動いて、手を動かすことだ。

前例のない初の仕事ばかり。
慎重さよりスピードが重要。
人手がつねに足りていない。

そんな事情を抱えながら、
自社の未来を自分たちで創らねばならない。
そんな組織で、正論や他責思考は必要とされない。

結果がすべてなのだ。

そして成長途上の組織には、結果を出すための、

「作法」がある。

ベンチャーやスタートアップ。
あなたが「成長途上の組織」にいるのであれば、
この作法は必ず押さえなくてはならない。
結果を出せないやつは、不要だからだ。

でも、そんなことは誰も教えてくれない。
みんな自分の仕事でいっぱいいっぱいだから。

他人に優しく指導する暇なんてない。
そもそも、正しい作法を知っている人は少ない。

だから、自分で学ぶしかない。

そのために、本書が存在する。

本書ではベンチャーやスタートアップのような、
成長途上にある組織で結果を出す人が実践している、
働き方の「作法」について語る。

結果が求められる環境ではない人も、他人事ではない。
あなたには、自分が出したと胸を張って言えるような
結果があるだろうか？

「ない」という人は、焦ったほうがいい。
今のあなたの市場価値は「会社の看板がすべて」になっている。
その看板が通用しなくなったら、路頭に迷うかもしれない。
たとえ結果が求められていないとしても、
「結果を出すための作法」を知ることは、
やがて未来のあなたを助けることになるだろう。

何時間働いたとしても。
組織のためと思ってやったことであっても。
それが「結果」につながらなければ意味はない。
つまりこれは、

あなたの努力を無駄にしないための本である。

ベンチャーの作法

高野秀敏

はじめに——「結果がすべて」の世界の歩き方

はじめまして。高野秀敏と申します。

ベンチャー、スタートアップ専門の転職エージェント、株式会社キープレイヤーズの代表をしています。

これまでに1万1000人の転職支援、4000社の採用支援実績があり、採用される側、する側、両方からの視点を磨いてきました。

個人としても足掛け25年、人材紹介の仕事をしてきました。

投資家としても活動しており、投資した7社が上場、創業から役員として関わった2社が上場しています。

その他、クラウドワークス、メドレーといった企業を含む173社の上場支援や、社外役員、顧問を多数務めてきました。

この本は、多角的な視点でベンチャー、スタートアップ企業を見てきたなかで感じた**「成長途上の組織で結果を出す人が実践していること」**をお伝えするものです。

すでにベンチャーに勤めている人にとっては、明日からすぐに実践できる「働き方の教科書」になっています。

意外性のある内容も多いと思いますが、私見だけではなく、これまでに出会ってきた数多くのベンチャー経営者たちから聞いた話も交えてお伝えしていきます。

また、**今はベンチャーにいない人**も、本書から得られる学びはあるでしょう。

もしあなたが今の環境で「成長できているか不安」「もっとスキルを身につけたい」と感じているなら。

ベンチャーという、つねに結果が求められる環境で活躍するための作法は、あなたが抱えるモヤモヤを晴らす自信を授けてくれるでしょう。
いずれはベンチャーやスタートアップを目指したいという人なら、ベンチャーの世界の実態を知ることで、きっと、その挑戦に向かう勇気を得られるはずです。

ベンチャーで求められる「たった1つのこと」

仕事を予定どおりに進めて、完了させること。
取引先やお客様と良好な関係をつくること。
業務の無駄を指摘して、改善をはかること。
仕事において求められることは無数に存在します。
ですがベンチャーにおいて、求められることはたった1つです。

「結果」を出すことです。

どれだけ努力をしても、時間を費やしても、たとえ指示どおりの納期や形で完了できたとしても、その仕事で結果を出せなければ評価はされません。

反対に、少し強引に仕事を進めたとしても、会社に来なくても、普段は遊んでいるように見えても、結果が出れば評価されます。

努力や頑張りといった「過程」ではなく、「結果」のみが見られるのです。

なぜならベンチャーにとって、**現状維持は「死」と同じだから。**

つねに行動を起こして、何かしらの結果を得て、それを振り返り、次につなげる。

そうやって、さらに大きな結果を出す。

ＰＤＣＡをつねに回し続ける必要があります。

というよりも、

DDDDDDDDDCA

くらいのイメージです。
これが成長途上の組織で求められる姿勢です。

この本では「ベンチャーの真実」を伝えよう

ベンチャーへの転職支援をしてきたなかで、多くのビジネスパーソンからこのような悩みを聞いてきました。

「丁寧に仕事を進めているのに、大きな仕事を任せてもらえない」
「社長の言うことがころころ変わって、結果の出しようがない」
「積極的に意見提案をしているのに、採用してもらえない」

一方で経営者からも、こんな声を聞いてきました。

「自分の仕事を任せられるような人がいない」
「社員が思うように動いてくれない」
「口ばかり達者で、手を動かさない人がいる」

求めるべき「結果」や、そのための「手段」において、経営者と働く人の間で認識のミスマッチが起きているのです。
そのため、**「頑張っているのに認めてもらえない」**と悩む人が少なくありません。

ですがそれも、しかたありません。
ベンチャーで求められる働き方を知る手がかりが少なすぎるのです。
人によっては、ベンチャーはドラマの中だけで見る世界ということもあります。
そういったフィクションが真実を映しているとはかぎりません。
実態はあんなにキラキラしたものではなく、もっと泥臭く、地味なものです。
働き方の本は数多くあれども、「ベンチャーで結果を出す方法」に特化したものはこれまでありませんでした。

ベンチャーを目指す人、ましてやすでにベンチャーの世界に身を置く人にとっては、その実態をつかめていないことは将来のキャリアを大きく左右します。

そしてベンチャーにかぎらず、結果を出すスキルを磨くことは、**すべてのビジネスパーソンの市場価値を高めてくれます。**

そこで、ベンチャーで求められる働き方を言語化するために、本書を書きました。

ベンチャーかどうかは、誰かが決めることではない

ベンチャーと聞いて、どんな会社を思い浮かべるでしょうか？

東京の青山にオフィスをかまえるＩＴ企業。

社員はスタバ片手に出社し、芝生のあるオフィスで寝転がってＭａｃを打つ。

そして休憩時間には、フロアにある卓球台で同僚とラリー。

そんなベンチャーもあるかもしれませんが、それこそフィクションの世界です。

この本が指すベンチャーは、そんな「イケてる会社」だけではありません。

「ベンチャー」と呼ばれることに明確な定義はないからです。

創業から間もない会社。

経営者が若い会社。

自社のビジネスで世界を変えたい会社。

すべて広義におけるベンチャーだと思います。


最近はＶＣ（ベンチャーキャピタル）から資金調達をして短期間で急成長し、上場や売却を目指す「スタートアップ」という言葉も耳にするようになりました。

サイバーエージェントやＤｅＮＡといった、創業から20年以上経つ大企業も、そのチャレンジ精神や開拓者精神から「メガベンチャー」と呼ばれています。

最近では、「地方ベンチャー」と呼ばれる新興企業も増えています。

本書では、これらの企業をすべて含めて「ベンチャー」として扱います。

共通項があるとしたら、**熱い想いを持っている経営者や社員がいて、ひたむきに「成長を目指している」企業のことです。**

創業から数十年が経っていても、従業員数が数十人でも数千人でも、都心にあっても地方にあっても、前に進むための新たな挑戦に挑むすべての企業が「ベンチャー」です。

会社の規模や創業年数ではなく、**「マインド」を指す言葉なのです。**

「キャリア」と「成長」を求めて ベンチャーを目指す人たち

今は何度目かの「ベンチャー」ブームです。

2022年にはベンチャー業界全体で9000億円以上の資金調達がおこなわれました。

10年ほど前は700億円ほどだったことを考えると、今やその10倍以上のお金がベンチャー界隈に流れています。

それに伴い、ベンチャーの採用意欲も加熱しています。

調達した資金の半分ほどが採用や広告に使われると言います。

かつてはヘッドハンティングなどが多かったベンチャー業界でも、一般の求人を出す会社が増えました。

新卒でベンチャーに入社する人も、今では珍しくはなくなりました。

キャリアの第一歩としての選択肢にベンチャーが入ってくる時代になったのです。


また、大手企業を辞めた「第二新卒」がベンチャーに入る波も来ています。

俗に言う「**ぬるいホワイト企業**」が増えているためです。

ハラスメントや退職などを恐れて、若手社員に負担になる仕事を振れず、お客様のような扱いをしてしまう大手企業が増えているのです。

その結果、ぬるいホワイト企業にいる意欲の高い若者たちが「**今のままでは成長できない**」**と危機感を持ち、ベンチャーに転職しています。**

ＳＮＳでベンチャーの経営者や社員たちの働き方、マインドを身近に感じられる時代になったことも影響しているでしょう。

私が新卒だった90年代後半、ベンチャーに行く人は「変わり者」でした。ところが当時から20年以上が経ち、この状況は大きく変わったのです。

なぜ大手企業の出身者は「使えない」と言われてしまうのか

キャリアが浅いうちにベンチャーを選んだ人は、意外とうまくいきます。**そこで求められる働き方を素直に受け入れられる**からです。柔軟に環境に適応し、「結果フォーカス」の作法をインストールできます。

反対に苦戦するのが、**ベンチャー以外の会社から転職してきた中堅やベテランの人材たちです。**

最近では、社会人の経験を積んでからベンチャーに入社する人も増えました。

とくに多いのが、大手企業の出身者です。

エン・ジャパンが運営する若年層向け転職サイト「ＡＭＢＩ」の調査があります。

それによると、21年４〜９月に大企業からスタートアップに移った人の数は、３年前の18年４〜９月と比べて７・１倍となったそうです。

これは全体の転職者数の伸びである「３・８倍」を大きく上回っています。


大きな要因が、近年の大手企業による「希望退職」の促進です。

ＰＢＲ１倍割れ（株価が安すぎて、時価総額が企業の純資産よりも低い状態）の企業が問題視されている昨今、大手も自社の企業価値を上げることに必死です。

加えて、ＡＩによる業務効率化も着々と進んでいます。

そうなると当然、**生産性の低い人材は不要になります**。

希望退職を募る会社が増えているのは、このためです。


これに手を挙げる人の多くは40、50代の中年層です。

「今の会社にいても、面白みのない仕事が続くのは目に見えている」

そう感じて、新しいキャリアへと挑戦する人が少なくありません。

その年代だと大手企業への転職は難しいため、ベンチャーに挑戦する人が増えています。


ですが冒頭でお伝えしたとおり、一般企業とベンチャーでは置かれた状況や求められる働き方に大きな違いがあります。

そのギャップにうまく適応できない。

つまり**「結果フォーカス」の作法をインストールできず、経営者と意見が食い違ったりして、やがてひっそりと消えていく**ケースが多発しています。


「大手企業の出身だから、ベンチャーでも活躍できるはずだ」

こんな想いを持って入社し、苦労している人を数多く見ました。

「大手企業で活躍していた人を採用したが期待はずれだった」

知り合いの経営者からは、そんな声をいくつも聞きました。

一度ぬるま湯につかると、その環境が居心地良くなってしまいます。
その環境に、体が慣れてしまいます。
ですから結果を出すための作法は、**なるべく早く身につけたほうがいいのです。**

上場の前後で変わった「評価される人」の定義

大企業で結果を出してきたという人も、安心はできません。
なぜなら**企業の成長段階によって求められる働き方は異なるからです。**
その違いを、私は身をもって体験しました。

私が新卒で入社したのはインテリジェンスという会社でした。
「ｄｏｄａ」といった転職サービスを運営する総合人材サービス会社です。
現在はパーソルキャリアという社名に変わりました。
今では社員数４５００人以上の上場企業ですが、私が入社した１９９９年当時はまだ創業から10年ほどで、さまざまな新規事業に着手するベンチャーでした。

私の入社当時、つまりベンチャーと認識されていた時期は、事業の立ち上げができたり、「飛び込み営業ができたりする「エッジの立った人」が評価されていました。この手の人は意志が強く、協調性に課題があったり、衝突したりしがちです。ですが黎明期《れいめい》や、まだ主力事業が固まっていない「ゼロイチ」を作る時期には、**担当業務の範囲を超えてでも結果を出せる人材が必要とされるのです。**

しかし会社が大きくなっていくと、仕事にもしだいに「型」ができていきます。そうなると今度は、**素直で従順な人が求められます。**規模を広げていく段階になると、勝手な動きは咎《とが》められ、丁寧な確認や根回しをしながら仕事を進められる人が必要とされるのです。

主張が強すぎる人は、会社から「成長の阻害因子」と見られるようになりました。

会社の規模が大きくなるにつれて評価される人が変わっていくのは、組織の成長段階によって、優先順位や使えるリソースなどが変わってくるからです。

ですから前職でどれだけ活躍していようとも、**ベンチャーに入社したらベンチャーの環境に合わせた働き方をする必要があります。**

結果を出すために必要な「5つの作法」

ベンチャーと大企業では、**仕事における成長ステップが真逆です。**

大企業なら、まずはプロジェクトの一部を担当し、言われたことを着実にこなして信頼を得ることで、しだいに結果を求められるような仕事を任されます。評価され、スキルや役職が上がった先に、結果につながる仕事が待っています。

ですがベンチャーでは、**仕事で結果を出した人が評価され、昇進し、さらに大きな仕事を任されます。**

与えられた仕事をこなすだけの人は、いつまでたっても日の目を見ません。

あらゆることは、結果を出したあとで手に入るのです。

ただ、「結果を出せ」と言われて、そうできれば苦労はありません。
そこで本書では、そのための行動指針をお伝えいたします。
それが「**ベンチャーの作法**」です。

「目標設定」の作法
「任務遂行」の作法
「指示対応」の作法
「連帯形成」の作法
「職務越境」の作法

ベンチャーで結果を出すには、この「5つの作法」が必要だと考えています。
私がこれまでに見てきた「圧倒的に活躍する人」たちの共通点でもあります。
それぞれ本書の1～5章で詳しくお伝えしていきます。
どれも高度なテクニックではありません。
基本的には、考え方の方向性を少し変えていただくだけです。

最終的にはこの5つの考え方だけ胸に刻んでいただければ大丈夫です。

今は結果を出せていない人も、「仕事ができない」というわけではありません。作法を知らないから、結果が出ていないだけです。

運動神経が抜群の人であっても、野球やサッカーなど、競技のルールを知らなければ活躍できないのと同じです。

頭の切り替えさえできれば、おのずと行動も変わり、結果もついてくるでしょう。

ほんの少し自分の「殻」を破って行動するだけで、仕事の結果や、周囲からの評価はがらりと変わるかもしれません。

そのための機会が多いのも、ベンチャーの魅力のひとつです。

ベンチャーで働く人たちが社会を変えていく

ソフトバンク、リクルート、エムスリー、楽天、サイバーエージェント、メルカりといった大企業も、かつてはベンチャーであり、その精神は健在です。常識を超えてビジネスを拡大していったわけですから、当然、その道のりは険しかったはずです。

社員の方々も、ときには経営者に振り回されたり、戸惑ったりしながら、日夜、数々の苦労を乗り越えてきたことでしょう。

こういった人たちの努力によって、新しい商品やサービスがこの世に誕生し、社会がより良くなっていきます。

先が不透明な時代、公務員や大手企業の社員など、安定しているように見える生活を選ぶ人は少なくありません。

大学生の就職先人気ランキングの上位には、有名な大企業しか名を連ねていません。

学生の親が選ぶ「子供に働いてほしい職業」ランキングの1位に「公務員」が挙がる時代です。

でもそんな時代だからこそ、**あえてベンチャーを選んだ「挑戦心にあふれる人」**

に大活躍してもらいたい。私は心からそう思っています。

先の見えない今の時代、安定を求める気持ちこそがリスクになると言われます。

会社の力に頼らず、どんな環境でも結果を出せる力。

それを身につけることこそ、**最大の「安定」だと私は思います。**

結果が出ると、仕事はさらに面白くなります。

そして仕事を面白がっている人に、面白い仕事は回ってきます。

この本が、「大変だけど面白い仕事」であなたの人生が彩られるための一助になれたら幸いです。

高野秀敏

『ベンチャーの作法』 目次

第1章 結果がすべてをつれてくる 「目標設定」の作法

第2章

評論家は今すぐ退場せよ
「任務遂行」の作法

第3章

誰の期待に応えるべきか

「指示対応」の作法

第4章

他者への期待を捨て去る

「連帯形成」の作法

第5章

落ちたボールを拾いにいけ 「職務越境」の作法

終章

あなたが群れを抜けるとき

第1章

結果がすべてをつれてくる

――「目標設定」の作法

「ベンチャーには自由がある」

そう言われることがあるが、本当だろうか？

裁量のある仕事を任せてもらえる。
給料やインセンティブが高い。
同世代が多く、人間関係が良い。
そんな期待を持って入社する人も少なくない。

だがそのほとんどは、幻想である。
右記のようなことを働くモチベーションにしていると、
結果が出ないどころか、経営者から愛想をつかされる。

まずはベンチャーで結果を出すための
「目標」の考え方についてお伝えしよう。

「結果」より先に「裁量」を求めるな

「仕事の裁量さえもらえれば、もっと結果を出せるんです」

ベンチャーで働いている人の相談を受けていると、決まって言われることです。

ですが、結果よりも先に裁量を求めてはいけません。

裁量のある仕事を求めてベンチャーに来る人は少なくありません。

一般的に「大企業」と呼ばれるような会社に就職した人は、経験が浅いうちから裁量のある仕事を任せられることは少ないでしょう。

基本的には、上司の指示に従うばかりです。

しかも年功序列ですから、仕事を頑張ったところで意味はありません。

その環境にやりがいを感じられず、ベンチャーに転職する人は少なくありません。

だから、冒頭のような言葉を口にするのです。


「裁量のある仕事がしたい」

この感覚は、まだ社会に出る前の**学生にもあるようです**。

最近の大学生が就職先を選ぶ基準では、「裁量のある仕事を任せてもらえる」ことが重視されています。

学生のときからすでに、人に指図を受けたくないと思っているんですね。

主体性や自立性を尊重した近年の教育方針の影響もあるかもしれません。

これは「仕事を振られたくない」ということではありません。

むしろ逆で、仕事をもっと頑張りたいという意欲はあります。

あくまで、**「うるさく指図されたくない」だけなのです。**

その結果、自分の裁量で仕事を進められるベンチャーを目指す人が増えています。

「裁量のある仕事」を任せてもらうための条件

ですがベンチャーで、最初から「裁量」を求める人は失敗します。

まず大事なのは**「言われたことをやる」ことです。**

ベンチャーに入った人の大半は、この理想と現実のギャップに面食らいます。

ベンチャーは基本的にどこも仕事だらけで、皆つねに忙しく働いています。

経営者やマネージャーも例外ではありません。

というか、役職が上の人ほどたくさんの仕事を抱えていて、「できることなら部下に丸投げしたい」のが本音です。

でも、しません。

「部下に任せると結果が出ない」と思っているからです。

ベンチャーにとっては、すべての仕事が事業の命綱。

「任せてみてダメだったら、それもしかたない」というわけにはいきません。

ですから、誰もが最初から裁量を与えられるわけではありません。

裁量を得たいなら、まずは末端の仕事をしっかりこなして信頼を得る必要があります。そうして初めて、仕事を「丸投げ」してもらえるのです。

依頼者から「自分でやるより、あいつに任せたほうがいいな」と思ってもらえるくらいクオリティの高い仕事ができて初めて、裁量のある仕事ができるのです。

裁量とともに得る「代償」の重さ

裁量を求める人に、問いたいことがあります。

その代償を知っているでしょうか？

ベンチャーでは一度信頼を勝ち取ると、びっくりするくらいさまざまな仕事を任せられるようになります。

裁量を喜ぶどころか「これ以上は無理です」と断らなくてはいけなくなります。

結果への責任も持つことになり、ハンパないプレッシャーを受けることにも。

そして経営者から直々に指示や確認が入り、「どうなった？」と聞かれます。

それまで経営者と会話することはおろか、入社式でしか顔を見る機会がないような企業から転職してきた人は、この状況にかなり驚くようです。

「え？　丸投げ？　本当に自分で何でも考えてやるの？」と。

経営者としては詰め寄っている感覚はなくても、進捗を確認された人は大きなストレスを感じてしまいます。

Episode

ベンチャー1年目の忘れられない「丸投げ」

インテリジェンス1年目の頃、ベンチャーキャピタルが注目されていました。

そこでベンチャーキャピタルと合同でイベントをおこなったらどうかと上司に提案したところ、「それなら、全部自分でやってみろ」と丸投げされました。

そして企画したのが、成長するベンチャーの見分け方を伝える「ミレニアムベンチャーセミナー」です。

イベントの内容を考えたり、日経新聞に広告を出したりと、本当にいろんなことを1人でやりました。

大変でしたが、その分、得たものもありました。

その来場者に、当時世界を席巻していた外資系IT企業で、最速で昇格していたセールスとマーケティングのプロの方がいました。

それが縁となって、その方の部下候補となる人を何名か紹介させてもらうことに。

そうこうするうちに、その方ご自身から転職の希望を受けました。

私は悩んだ結果、自社、つまりインテリジェンスを紹介しました。

そして役員や社長に紹介して、幹部人材として入社してもらいました。

その転職は彼にとって良い条件で決まったようで、なんと彼は、自分が当時つけていた高級腕時計を私にプレゼントしてくれました。

彼はこう言いました。

「今回の転職を機に、私は自分でもっと良い時計を買う。これは自分が若い時代から大事にしていた時計なので、高野さんもこれをつけて頑張れ！」

当時の私は安物の時計しか持っていなかったので、ありがたく頂戴し、涙しました。

その時計は今でも大切に飾ってあります。

きっかけは丸投げされたイベントでしたが、必死に頑張ったことで、忘れられない経験へとつながりました。


みんな同じように、さまざまな仕事を丸投げされている状況ですから、**他の人にかまっている余裕はありません。**

同僚や先輩に相談しようにも、あまり親身には相談に乗ってもらえないのです。

裁量を得たら最後、「**すべて自分でなんとかしないといけない**」**のです。**

その覚悟を持てる人だけが、「裁量のある仕事」を求めるべきでしょう。

「良い人間関係」に甘えてはいけない

「私も、あの人みたいになりたい」

働いている「人」に憧れて入社した、という人もベンチャーにはいます。

友人に誘われて入社したとか、お世話になった先輩に誘われたとか。

はたまた人事担当者の印象が良かったとか。

最近ではSNSのフォロワーが多かったり、メディアによく登場したりする「名物社員」がいるような企業も少なくありません。

そういった人に憧れて入社し、「あの人みたいになりたい」「あの人のために頑張りたい」と、目標に掲げる人も珍しくないでしょう。

ですが、**「人」を頑張る理由にしてはいけません。**

なぜならベンチャーは人の入れ替わりが激しいからです。

3年もいたら「古株」と言われるようなベンチャーもあります。

結果が出なかったために去っていったり、会社がブラックだったり。

そういったネガティブなケースもありますが、結果を出して他の企業にステップアップ転職する人も少なくありません。

優秀な人や結果を出した人ほど去っていきやすいのも、ベンチャーの特徴です。

面接してくれた先輩社員や人事担当者に憧れるも、入社するとすでにいなかった。

これも少なくありません。

何を隠そう私自身、そんな経験をしました。

新卒で入ったインテリジェンスの人事の方はとても素晴らしい先輩でした。

憧れを抱いて入社しましたが、**私が入社したときにはすでに退職していました。**

さらには「この人のような姿を目指そう！」と決めた先輩も、その後すぐに独立してしまいました。

正直、微妙な気持ちになったのを今でも覚えています。

やがて訪れる 最大の「モチベーションダウン」

人間関係が良くて居心地が良い。

これも「人」が働く理由になっているひとつのパターンです。

社員が少なく、若い世代が中心となっているベンチャーでは、社内の交友関係が密接になりがちです。

有志のクラブ活動があったり、休日も一緒にバーベキューをしたり音楽フェスに行ったりなど、業務時間外での付き合いが多いことも。

ドライな関係性が嫌で転職してきた人や、学生時代のサークルのノリが好きだった人は、こういった環境に居心地の良さを感じます。

同僚や先輩、後輩と、まるで友達のような関係性になっていき、「仕事は大変だけど、仲間がいるから頑張れる」という感覚に。


ですが、**そんな仲間たちも数年後には会社を去っているかもしれません。**

仲の良い同僚や先輩が組織を辞めてしまうと、大きな喪失感が訪れます。


どんな企業であれ、どんな人であれ、いつ辞めるかはわかりません。

「人」が動機になっている人は、どこかのタイミングでその人との別れが訪れた際に大きな喪失感とモチベーションダウンを経験することになります。

もちろん、社内の人間関係が良いのは望ましいことでしょう。

それだけが仕事を頑張る理由になってしまってはいけない、という話です。

結果を出す人は、不確定要素にモチベーションを委ねることはしません。

人に憧れて入社したとしても、最終的に向き合うべきは「仕事」でなくてはいけないのです。

「経営者に憧れる」という正解

ただ、「人」を目標にすることがプラスに働くこともあります。

「経営者」を目標としている場合です。

経営者の考え方や志に憧れや共感を抱いて、ベンチャーに入社する人もいます。

そして、やがて憧れているだけではダメだと気づき、自分がその経営者のような人間になることを目指す。

これは素晴らしい目標設定であり、成長のステップです。

Episode

経営者に憧れ、経営者になった人

私が新卒で入社したインテリジェンスの創業者は、宇野康秀さんという方です。ものすごく優秀で、熱量の高い幹部や社員をうまく巻き込んでいました。

スピーチも抜群にうまく、魂に訴えかけてくるような話し方をされるので、どんなにうるさいところでも宇野さんが話すと一瞬で静まるのです。

この宇野さんに、影響を受けた人がいました。

私のインテリジェンス時代の2つ上の先輩であり、サイバーエージェントの創業者である藤田晋さんです。

藤田さんは宇野さんを見て、宇野さんにできるのであれば自分にも経営ができるはずと思ったそうです。

そしてサイバーエージェントを起こしました。

その後の活躍は、書くまでもありませんね。

「人」を目標にすると、その人が去ったときに働く意味を失います。

ですが経営者はそうそう代わりません。

はじめは経営者への憧れで入社したとしても、しだいに憧れを捨て、追いつき追い越すことを目標にする。

結果を出す人の目標設定のひとつです。

「輝かしい過去」を過信してはいけない

「大手出身の経験を活かして、ベンチャーでも活躍したい」

そんな意識を持って大手企業からベンチャーに転職する人もいます。

大手企業では良い結果を出せなかったけど、ベンチャーなら通用するだろう。

そんな期待を抱いて入社してきますが、その認識はめちゃくちゃ甘いです。

過去の実績にすがる人が、結果を出せるわけがありません。

大手企業出身者は、「就活の勝利者」という感覚がなかなか抜けません。「ベンチャーは、大手企業に受からなかった人が行くところ」「就職活動で評価されて大企業に入れた自分は、優秀であるはずだ」そういった意識を持ち、大手出身の自分が入社して「あげる」という姿勢でベンチャーに来る人も少なくありません。

ですが、現実は甘くありません。

就職希望者が多い人気のベンチャーや成長し続けているベンチャーには、一般の大手一流企業よりも入社難易度が高いところもざらにあります。

大手企業で経験を積んだ人であっても、ベンチャーでも無条件で活躍できるとはかぎらないのです。

振り返るより「今」と正しく向き合う

ベンチャーで結果を出せるのは、つねに目の前の環境に適応できる人です。思っている以上に、大手企業とベンチャーでは求められる働き方が異なります。

仕事を振られると、自社の前例や自身の経験などを参考に納期までの計画を立て、依頼者にも適宜「報連相」をおこない、要求どおりのクオリティで仕上げる。

そういった働き方は、大手企業なら高く評価されるでしょう。

実際、伝統的な大手企業出身者はあらゆることを「これでいいですか?」と細かく確認しながら仕事を進めがちです。

失点を防ぐ(ミスをしない)ことが昇進や昇格につながっていくからです。

ですがベンチャーでこんな進め方をしていたら、アウトです。

経営者からは「いちいち聞かないでほしい」「かえって時間がかかる」「自分でやったほうが早い」と思われてしまいます。

つまり「**自分で考えて行動できない、手のかかる人**」**という評価になります。**

それにベンチャーでは、自身も自社も経験したことのない新しい仕事が次々に降ってくるため、参考となる前例などないことが大半です。

仕事を依頼してきた側の脳内に完成形のイメージが描かれていないことも多く、確認したところで「それは自分で考えて」と言われるだけです。

そして納期に間に合わせたとしても、結果が出せなければ評価はされません。

「言われたことを期待どおりにこなす」だけでは評価は得られないのです。

結果の伴わない努力には、目を向けてはもらえません。

Episode

ある大企業出身者の挑戦と挫折

6年勤めた大企業を辞めて40歳でスタートアップに転職した知人がいます。

理由は「自分の未来が見えたから」だったと言います。

16年、同じ会社に勤めた結果、評価されていないというほどではないものの、自分がどの程度まで出世できるのか、天井が見えたような気がしたそうです。

もっと世に大きな影響を与える仕事がしたいと思い、スタートアップを選びました。

ですが彼は、そのスタートアップをわずか10ヶ月で辞めることになります。

そこには大きく2つの理由があったと、彼は語りました。

1つは、会社から求められている成果が曖昧だったこと。

「当然会社は、自分の経験やネットワークに期待をしているのだろう。きっと役割は目まぐるしく変わるだろうから、出たとこ勝負でいこう」

彼はそう考えて、「なんでもやります!」とアピールしていたそうです。

その結果、中年で体力が劣り、パフォーマンスは普通以下なのに給料が高い営業になっていたと、自ら語っています。経験者に求められるであろう、事業を前に進めたり、周りを巻き込んだりするような仕事ができていなかったのです。

もう1つの理由は、経験が不要になることもあると認識していなかったことでした。

採用時は、前職である人材サービスでの経験が必要とされていたのが、入社して数ヶ月の間に、その必要性が大幅に下がっていくのを感じたそうです。

後の章でお伝えしますが、ベンチャーやスタートアップは方針が目まぐるしく変わるのが普通です。自分の力が発揮できる領域に、会社の方針を動かしていくべきだったと、彼は後悔していました。

大手企業での経験が、必ずしも活かされるとはかぎらないのです。
彼のような人は少なくはないと感じます。

一般的に、仕事ができる人は環境が変わっても結果を出せます。
仕事の段取りやコミュニケーションの取り方、調整の仕方など、あらゆる仕事の共通項、いわば「本質」をしっかり理解しているからです。

ですが仕事において重要な本質は同じであっても、環境や状況によってその「量」や「速度」はガラッと変わります。

ベンチャーではひとりで二役、三役、四役をこなさなくてはいけないことも。
ときには調整や確認をすっ飛ばして、自分で考えて進めていかなくてはいけなくなったりします。

環境が変われば、過去の経験は役に立たなくなります。
目の前の状況に適応できる人だけが、結果を出せるのです。

会社での評価なんて「適応力」の評価でしかない

一方で、**大手企業ではそれほど評価されなかった人がベンチャーで評価される**こともあります。

たとえば多動的で、いくつもの仕事を同時並行していないと落ち着かない人。

ひとつのビッグプロジェクトを中長期的に進めることの多い大手企業では「集中力や継続力がない」との評価をされるかもしれません。

ですが、いくつもの仕事を振られるベンチャーでは、少々粗削りでも振られた仕事をすべて着実に前に進めていける人は評価されます。

事業が定まっていないシード期、アーリー期の企業では活躍することもあります。

要するに、組織での評価なんてあてにならないのです。

それは単純に「**環境に適応できているかどうか**」という判断でしかないのです。

ですから、過去の評価や実績を過信していても意味がありません。柔軟性を持ち、今の環境に合わせられる人が、ベンチャーでは結果を出します。

見せかけの「ブランド」が崩れ落ちる瞬間

そもそも大手企業での活躍や評価は、会社の「看板」があったからこそ得られていたということもあります。

ベンチャーに転職した途端、**前職では簡単にアポが取れていた相手とも突然会えなくなってしまう**。こんなことは日常茶飯事です。

前職を辞める際、きっと取引先は「またお願いしますね」「また機会があったらよろしく」「頑張ってくださいね」くらいは言ってくれます。

ただ、それらの言葉を真に受けて転職後に連絡すると「時間がなくて……」「私は取引したいんだけど、上がダメと言ってまして……」なんて言われたりします。

前職で積み上げた人脈や関係性は、**あなたの「人間性」によってではなく、大手企業という会社の「看板」によって築かれたものだったのです。**

その見せかけのブランドは、会社の看板が変わった瞬間、崩れ落ちます。

これまでに構築してきたネットワークが、会社を辞めると途絶える。

かといって新規で開拓しようにも、会社に知名度がなく苦戦する。

こうして、自分本来の能力の低さに、転職して初めて気づく人は少なくありません。

自分の能力を磨くことを怠り、大手企業という看板で仕事をしてきてしまった人は、こういう事態に陥ってしまうのです。

「頭脳」になるな「手足」となれ

「これまでの経験やスキルを活かして、良き指導役になろう」

ある程度の経験を積んだ人がベンチャーに入社する際に考えがちなことです。

最近は40、50代でベンチャーに挑戦する人も少なくありません。

私の知人が勤めているベンチャーが採用募集を出したところ、50代の人からばかり応募が来たと言っていました。

出世ルートを外れて「第二の人生」を目指す人や、一度はフリーランスになったものの続けるのが厳しくなって再度の就職を目指した人など。

理由はさまざまですが、そういった動機でベンチャーに入社した人の多くが考えることがあります。

過去の経験を活かして「指導役になろう」ということです。

ですが、**ベンチャーは「指導役」なんて求めていません。**

むしろ「ベテラン」はマイナスからのスタート

22歳と38歳のプロ野球選手がいたとします。

どちらも打率は2割6分で、守備がうまいショートの選手。

球団が求めるのは、この2人の選手のどちらでしょう。

経験が多いベテラン選手でしょうか？

いえ、正解は22歳の選手です。ベテラン選手の年俸は1億円以上だったりしますが、若手は3000万円程度です。

それに若手選手のほうが、今後の伸び代にも期待できます。

プロ野球だけではなくビジネスの世界でも同じです。

実力が同じなら、**人件費が安くて伸び代がある若手社員に期待をかけます。**

社会人経験が長いからといって、あぐらをかいてはいけません。

そもそもベンチャーにおいて「ベテラン」への期待値は低いものです。

「自分の経験やスキルには高い給料を払ってもらえるだけの価値がある」

そうではありません。

経営者の心中は、こうです。

「高い給料で採用したのだから、絶対に結果を出せよ」

むしろマイナスからのスタートだと思うべきでしょう。

勝手な「布教」は社内の和を乱す

たとえベテラン社員でも、経営者が求めていることはただひとつ。

「結果」を出すことです。

指導してほしいのではなく、結果を出して若手の良き模範になってほしいのです。

ただ、ここが難しいところで、ベンチャーの経営者はベテラン社員に「結果を出してほしい」と思う一方で、**「勝手なやり方はしないでほしい」とも思っています。**

「自分の知見をこの会社にも広めてあげよう」

同じ業界や職種で経験を積んできた人は、ベンチャーに入るとこう考えがちです。

これは完全に良かれと思ってのことです。

経験豊富なベテランの使命だとさえ思っています。

それが経営者の意向に添っているのであれば、問題ないでしょう。

ですが、断言します。

多くの経営者は、そんな行動を良くは思いません。

規模が小さいベンチャーの場合は、経営者が事業全体を見て細かく指示を出している場合も少なくありません。

まさに経営者は一国一城の主《あるじ》といった存在。

そこでもし、**自分の意図とは異なるやり方で勝手に動かれたり、ましてやそれを他の社員に「布教」されたりしては困ります。**

また、ベンチャー経営者にはもともと「プレーヤー」だった人が多くいます。

そのため自身で会社を起こしたあとも、基本的には自身のプレースタイルを現場にも実践させます。自分がそれで結果を出したのですから当然です。

ですがそのやり方に異を唱え、別の方法を布教する人が出てくる。さらにはその方法でうまくいってしまったとしたら、どうでしょう。

社員はこう思い始めます。

「社長の方法より、ベテランのAさんが教えてくれた方法のほうがうまくいくな」

「社長よりAさんのほうが優秀だ」

「社長の指示は話半分で聞いておこう」


こうなると、社内の統制は取れなくなってしまいます。

この事態を経営者は憂慮しているのです。


そのため、前職でのやり方に固執し、それを社内に広めようとする人がいると、経営者はこう感じます。


「勝手なことをして社員を惑わすなよ」

「誰が育成まで任せたって言った？」

「確認もせずにでしゃばるなよ」

戦略や戦術を決める「頭脳」は、会社にひとつあれば充分です。

経営者が求めているのは、**頭脳（経営者自身）の指令を忠実に実行に移す「手足」なのです。**

「教えたい気持ち」を手放そう

前の会社でうまくいった方法が別の会社でも通用するとはかぎりません。

たとえ業界が同じでも、扱っている商品やサービスは当然変わりますし、それが持つ「力」も変わります。販売力や宣伝力だって、もちろん変わるでしょう。

たとえば前職では、既製品の改良という確実な方法で新商品をつくり、それを強力な販売力で全国に広めて利益を出すのがセオリーだったとします。

一方で転職先のベンチャーでは、それほどの販売力も宣伝力もない。

まずは一部地域で熱狂的に火がつくような商品をつくり、口コミの力で徐々に全国に広げていく、という戦略がとられているかもしれません。

その場合、マーケティングにおいて求められる視点も当然異なります。経営者や上司が「顧客に会ってコアなニーズを聞き出してこい！」と指示するなかで、「いやいや、丁寧にデータを分析してマーケティング戦略を立てるべきです」と自らの経験にもとづいて主張したところで、その会社のスタイルには合わないでしょう。

先述のように、結果を出せる人は過去を振り返りません。

ひたすら今だけを見つめて、適応します。

たとえ社会人経験や業界経験が長かったとしても、環境が変わった際に重要になるのは「教えること」ではないのです。

経験、学習、癖をいったん「捨てる（アンラーンする）」ことと、まっさらな気持ちで「教わる」姿勢です。

それができない人が、結果を出せず伸び悩むことになります。

「キャリアアップ」の本当の意味

ここまで、結果を出すための意識の持ち方の話をしてきました。

「裁量のある仕事」「人」「第二の人生としての活躍」「指導者的立場」。

どれも目標や目的とするうえでは不適切だとお伝えしてきました。

では結果を出すためには、なんのために頑張ればいいのでしょう。

何を得ることを、目標とすればいいのでしょう。

ベンチャーで結果を出す人たちには、皆さん共通した目的があります。

「自分の成長」です。

これこそ結果を出すために、目指すべき目標です。

あなたに優しい「無責任」な人たち

詳しくは後の章でお伝えしますが、ベンチャーでは朝令暮改が頻繁に発生します。努力が無駄になることも日常茶飯事です。

しかも裁量はない、人が次々に辞めていく、給料もそれほど高くはない。

そのうえで、担当業務だけでなく、自分の担当とは関係のない仕事、これまでにやったことのない仕事、難易度の高い仕事なども振られます。

すると、「なんのために頑張るんだっけ?」と、気持ちが折れそうになります。

ですが、そこで「しんどいな……」「自分がやりたいのは、こういうことじゃないんだけど……」と不満を漏らせば、おしまいです。

グッとこらえて、**貴重な成長機会としてポジティブにとらえられる人だけが、結果を出すことができます。**

「成長を目指せ」と声高には言えない時代になりました。

会社の内でも外でも「無理するな」「そのままでいい」という言葉があふれています。それが、誰にとっても聞き心地がよく、誰も傷つけないからです。

ですがそういう発言をする人たちは、**ありのままで居続けたあなたの人生に責任をとってはくれません。**

大手企業でぬるく勤め続け、40歳前後で転職してすごく苦労している人。

ベンチャーに入ったはいいが、結果を出せなくて追い込まれている人。

職場に居づらくなり、活躍できる環境を求めてさらに小さな会社に転職する人。

そんな人に、山ほど会いました。

自分の才能、能力、経験を過信して、成長を止めてしまった人たちの末路です。

成長できる機会に喜びを感じる姿勢。

これが、あなたの人生を支えてくれる基盤になるのです。

「キャリア」なんてアップさせなくていい

キャリアアップという言葉がありますよね。

私はこの言葉があまり好きではありません。

多くの人が言うキャリアアップとは、**結局は「勤務先企業の知名度アップ」や「給料アップ」を意味しているからです。**

大手企業や有名企業、ブランド企業に転職することや、転職して給料が上がることをキャリアアップと言っているんです。

「それはそうじゃないか」「何を当たり前のことを」と感じるかもしれません。

ですがそういった転職をした人ほど、転職できたことに安堵してその後の成長意欲が欠けてしまいます。

「会社の知名度」や「給料」は魅力的ではありますが、中長期で見ると害をなすリスクを持った、まるで「毒饅頭《どくまんじゅう》」であることが多いのです。

むしろ、**周囲から見ると「キャリアダウン」と感じるような転職をした人のほうが、その後に成功していることが多い**ようにさえ感じます。

Episode

キャリアダウンからの逆転劇

私の知人に、新卒で入社した歴史ある中堅企業での安定した仕事を捨て、創業十数年のベンチャーに転職した人がいます。

もとの会社では与えられた仕事をしっかりこなし、それなりの評価も得ていたようなので、周囲からは「なぜそんな小さい会社に」と疑問に思われたそうです。

でももともとの仕事は自身がやりたいことではなく、スキルが身についている実感もなかったため、30歳を機に転職を決めたのだとか。

その結果、その人はベンチャーに転職して2年目で結果を出し、チームリーダーに抜擢。3年勤めた後、1社目よりも大きな会社に転職していきました。

規模の小さい会社に転職すると「あいつは終わった」みたいに言われたりします。

ですが大事なのは、働いている会社の知名度や、給料ではありません。


結果を出せるやつに成長しているかどうか。

これがすべてです。


ベンチャーにおいて、自ら結果を出そうとする人はかなり貴重です。

お伝えしたように、ベンチャーといえどもかつてのような「仕事大好き人間」は減り、仕事の自由度や良好な人間関係を求めて入社してくる人が増えています。

この状況を、経営者は憂いています。


だからこそ、仕事に前向きに取り組み、自ら成長し、結果を出そうとする人は、**めちゃくちゃ評価されます。**

結果を出すというのは、なにも売上といった数字を出すことにかぎりません。

経営者に言われたことを完璧にやりきることもまた、ひとつの結果です。

すべては「結果」のあとについてくる

ベンチャーで結果を出した人は、驚くほどのスピードで出世していきます。

小さな会社でも、会社が成長していけば多くのポジションが生まれます。

結果を出して評価を得ていれば、リーダーやマネージャーなど、年功序列の大手企業では数年かけて順番待ちをしなくてはいけないような主要ポストに、入社数年で抜擢されることもあります。

入社して半年や1年でＣｘＯになる人もいたりします。

当然、裁量のある仕事も任されますし、給料だって上がります。

「権限」「指導的立場」「活躍」「お金」

これらを目標にしてベンチャーで働くのはいけないと伝えてきました。

ですが、得られないわけではありません。
すべては結果を出したあとでついてくるのです。
ですから、まずは結果を出すことを目標に据えるのが、作法なのです。

仕事の報酬は、仕事。
昔からよく言われている言葉です。
今では昭和的価値観だと感じられてしまうでしょう。
「そんなの、やりがい搾取じゃん」と思う人もいるでしょう。
そんな人に、私は問いたい。

「**その仕事は、あなたが自分で選んだものですよね？**」

自分のレベルを上げ、評価され、より大きな仕事を任せてもらう。
それが真のキャリアアップと言えるのではないでしょうか。

「結果」のことだけ考えていればいい

「結果を出すことだけを考えろ」と、やや厳しい話をしました。

「そこまで仕事にコミットできません」

そう感じた人もいるでしょう。

そんな人は、ある勘違いをしています。


やる気を出すから、結果が出るのではありません。

結果が出るから、やる気が出るのです。

「やる気」なんてなくて当たり前

転職エージェントの仕事を24年やってきたなかで、仕事に対する熱量がそこまで高くないと悩んでいる方にも多くお会いしました。

昇進したいわけでも経営者になりたいわけでもない。なれるイメージもない。

転職するにしても誇れる実績や能力がない。

かといって起業する勇気もない。

仕事はそれなりに好きだけど、モチベーションが高いかと聞かれると自信はない。

「成長を目指せ」と言われても、そもそも「成長した先になりたい姿」がわからないため、気持ちが入らない。

これまでに1万1000人以上と面談をしましたが、そんな人ばかりでした。

ですから、**モチベーションが上がらないことに悩む必要はありません。**

そんなもの、なくて当たり前なのです。

自分の成功を「気分」に委ねるな

そもそも**「モチベーションが上がらない」という愚痴自体がナンセンスです。**

人間は誰でもモチベーションが上がったり下がったりします。

それはコントロールできることではありません。

ですから悩んでいても意味がありません。


モチベーションなんて、**結果を出せば勝手に上がります。**

やりたくないことや苦手なことでも、やってみたら思いのほかうまくできた。

褒めてもらえて、またやってみたくなった。

仕事にかぎらず学生時代の部活や勉強など、誰しもそんな経験が一度はあるのではないでしょうか。

承認欲求が満たされたことで、そこに自身の価値を見出し、それが自己実現の欲求へと昇華されるのです。

ですから、たとえモチベーションがないとしても行動することが大事です。

むしろ、**やりたいことがなくモチベーションが湧かないという人こそ、いったん無心で結果だけを追いかけてみるといいと思います**。

コツを見つけてクリアする。そんなゲームのような感覚でもかまいません。

走り出してしまえば、やがてモチベーションも湧いてくるでしょう。

それが人間というものです。

結果がすべてをつれてくると信じて、とにかく行動する。

これがベンチャーで結果を出すための「目標設定」の作法です。

では、結果につながる「行動」とは、いったいなんなのでしょうか。

次の章では、そのための作法をお伝えします。

第2章

評論家は今すぐ退場せよ

――「任務遂行」の作法

「じっくり考えてから行動する」

これが大事と言われるが、本当だろうか？

会社の戦略に違和感がある。
指示された内容に疑問や不満がある。
このまま進めても、うまくいかないのでは。
もっと、じっくり考えてから実行すべきでは。
そう思いたくなる瞬間は、当然ある。

だが、それを言葉にして伝えても意味はない。
あなたに求められているのは、意見することではないからだ。

この章では、ベンチャーで結果を出すために必要な
「行動」についてお伝えしよう。

「セカンドペンギン」が群れを導く

「ファーストペンギンになれ」

自己啓発書などでよく言われてきたことです。

ですがベンチャーのいち社員として、**あなたに求められる「行動」はファーストペンギンになることではありません。**

ファーストペンギンとは、ペンギンの群れが魚を求める際、天敵がいるかもしれない海に最初に飛び込む果敢なペンギンのことを指しています。

リスクを取るかわりに「手付かずの魚群」という先行者利益を得られます。

そこから、ビジネスの世界でも「リスクを顧みずに挑戦すること」を意味して、ファーストペンギンになれとよく言われるようになりました。

ですが第1章でもお伝えしたとおり、**目の届かないところで戦略もなしに勝手に海に飛び込まれては、群れを率いる経営者は困ってしまいます。**


ベンチャーでファーストペンギンになるのは経営者の役目です。

私がこれまでに会ってきたベンチャーの経営者は、皆とても勇敢でした。

独創的で行動力にあふれていて、決断力もある。そんな人たちばかりです。

誰もやったことのないビジネスや未開拓の市場に可能性を見出し、つねに新しい挑戦をしていました。


高い視座で得た情報をもとに魚の気配を察知し、勇敢に海に飛び込む。

これは経営者の役目です。

行動する「2人目」が評価も結果も手にする

でも、ひとりでやれることには限界があります。

社員がついてこなければ、ビジネスは広がらないし持続もできません。

経営者というファーストペンギンが果敢に飛び込み、そこに魚群を見つけたとしても、あとに続くペンギンがいなければ「組織」という群れは飢えてしまいます。

つまり、**重要なのは2人目の存在です。**

優秀で勇敢なファーストペンギンのあとを追って海に飛び込み、多くの「普通のペンギンたち」の行動を促す。

ベンチャーで結果を出し、評価されるのは、そんな「セカンドペンギン」です。

これが、いち社員であるあなたに組織が求める「行動」です。

経営者が示した戦略や戦術に乗っかり、行動する。

要するに、**与えられた任務を確実に遂行できる人が評価されます。**

「評価なんて興味ない」という人もいるかもしれませんが、裁量のある仕事も給料のアップも、すべては仕事で結果を出して評価された先に与えられるものです。

Episode

仕事なんて、なんでもいいと思っていた

インテリジェンスに入社してすぐは、とにかく与えられた仕事をまっとうすることだけを考えていました。

最初は法人営業として求人案件を取ってくるだけでしたが、しだいに個人を探してマッチングする仕事も加わり、どちらもやっていました。これを両面型と言います。途中から分業して、専門特化したほうがよいとなりましたが、与えられた仕事をこなすのみですので、私はどちらでもいいと思っていました。

人事や昇給にも興味がありませんでした。

ある日、若手4人で休日出勤して働いていたら、担当役員にご飯に誘われました。今でも忘れない、叙々苑游玄亭に連れていってもらいました。

当時、その役員は深刻そうに来期の配属を考えていました。

配属や組織について意見する社員も多く、まとめるのに苦労していたようです。

ですが、私たちには楽しそうに「お前らは俺が配属決めちゃっていいか?」と。

私たちも、焼き肉がとにかく美味しかったので「あ、はい、どうぞどうぞ」とみんなで言ったのを覚えています。

「他のみんなはもっと慎重に面談してるのに、僕たちだけ扱い軽くないですか?」と、同僚が冗談交じりに言っていました。

でもそれくらい、現場の仕事ならどこでもよかったんです。

どんな仕事であれ、与えられた任務で結果を出す。それのみだと思っていました。


まずは与えられた仕事を受け入れ行動することが、すべての始まりになります。

任務の遂行においては、「**自分でやる**」「**すぐにやる**」「**たくさんやる**」という3つの側面があります。

ひとつずつ、その作法をお伝えしていきましょう。

組織に「評論家」は必要ない

「うちの会社の戦略って、もう通用しないんじゃないですか？」

「今のサービス、もうユーザーは飽きてるんじゃないでしょうか」

「もっと宣伝に力を入れたほうがいいと思うんです」


こんなふうに不平不満を言う人がいます。

組織の現状を批判して「もっとこうしたほうがいい」と、アイデアだけはたくさん出してくる。**まるで「評論家」のような人たちです。**

こうなっては、おしまいです。

現場との距離も近いベンチャー経営者の耳には、日々さまざまな指摘が届きます。発言者は、その声が経営者に届き「たしかにそうだ。では、宣伝に力を入れよう」「それならプロモーション経験のある人を採用しよう」「営業部の一部を宣伝部に異動させよう」とか、アクションしてくれることを夢見ているのでしょう。

ですが現実に経営者が思うことは違います。

「そう思うなら、あなたがやってよ」

これです。

現場からは見えていなくとも、経営者は多くの仕事を抱えています。「理想論」をいちいち検討する暇なんてありません。思いついただけで、調べてはいないし手足を動かしたわけでもない。そんな評論家の言葉に耳を傾けてもらえるわけがないのです。

一発退場をくらう
「最悪の口癖」

ベンチャーで評論家になりやすいのが、大手企業から転職してきた人です。**その口癖が「前の会社ではこうだった」です。**

「うちの会社って、ちょっと普通とは違うと思うんです」
「前の会社では、こうやってうまくいってました」

ランチや飲み会などで始まる、現職批判と前職紹介。
または社内チャットやメールでもそれをほのめかしてきたり。
挙げ句の果てには、読むのがしんどくなるほどの長文メールを経営者に送りつける人まで。

しかも内容は理路整然としているようで、**感情論によるポエムだったりします。**

忙しいベンチャー経営者は、長文メールなんて読んでいる暇はありません。

それに前の会社はこうだったと言われても経営者は困るだけです。

「環境が変わっても結果を出す自信があるから入社したんじゃないの？」

こう思われて終わりです。

結果を出せず、**「言い訳が多い人」と認定されるだけでしょう。**

一発退場のレッドカードをくらっても文句は言えません。


実際、思うように結果を出せず環境のせいにしている節もあると思います。

「前職と同じ状況を用意してもらえたら活躍できるんです」

大手企業などから転職してきた人が、そう思う気持ちも頷けます。

ですが同じ環境で、同じ方法で、同じ結果を出すのは誰でもできます。

違う環境でも同じ結果を出せる**「再現性のある仕事」をできる人が、本当に仕事ができる人というものです。**

追い求めたところで「意味のない」もの

「仕組みがないからできない」と言う人もいます。

「今の仕組みはダメだ」「こんな仕組みがあれば結果が出せるはずだ」ないものねだりをするように机上の空論を並べ立てます。

ですが**型や仕組みを求めたところで意味がありません。**

メガベンチャーと呼ばれる規模の会社を見ても、再現性があるとは言いがたく、経営者の異能に依存している会社も多いものです。

たとえばソフトバンク。経営者である孫正義さんはＡＤＳＬやボーダフォンの買収、ビジョンファンドの設立など、次々と大きなことを仕掛けています。

商社とも投資家とも言えるその経営手法は、孫さんだからできることです。

もちろん孫さんがいなくても経営は回るのでしょうが、これまでのような奇想天外とも言える快進撃や取り組みは難しいでしょう。

ファーストリテイリングも同様です。創業者である柳井正さんの手腕によって、山口県の小さな会社が世界規模のグローバル企業になりました。

もちろん仕組み化も進めてはいるのでしょうが、事業継承して経営をバトンタッチしようとするも、やはりご本人が戻ってきています。

柳井さんの属人的な手法やノウハウに依存しているということでしょう。

型にできる仕事は、言ってしまえば「誰にでもできる仕事」です。

型にできないほど次々と新しいことに挑戦してきたからこそ、これらの企業はメガベンチャーとなり、今日まで生き残っているとも言えます。

Episode

「型」の存在しなかった、インテリジェンスの仕事

インテリジェンスに入社した際に配属されたのは、人材を求めている企業を探し、転職希望者とつなぐ現場の仕事でした。

現場社員は、IT、金融、医療といった業界や、経理、法務など職種ごとなど、いくつかのグループにわかれていました。

そのなかで私が配属されたのは、そういった専門分野ではなく、「その他の全領域」を担当するグループでした。

規模が大きい分、面白そうだと思って配属希望を出したのです。

ですがあとになって気づきましたが、このグループの仕事は現場のなかでもとくにハイレベルなものでした。

一般的に専門職での転職は、求める実績や必要となるスキルなどが明確なため決まりやすいものです。

一方、私が担当していた多種多様な領域では、他業種への転職や採用を実現する必要がありました。結果を出すにはとにかく母数を増やすしかなく、成功する型などありませんでした。

当時のインテリジェンスのメインビジネスは派遣事業で、人材紹介の仕事は新規事業のようなものでしたから、ノウハウや成功例の蓄積もありませんでした。

ですから私が社内の人に相談をしても、誰も答えを持っておらず、とにかく行動して、自らコツをつかんでいくしかなかったのです。

歴史ある成熟企業なら、すでにうまく回っている仕組みが存在するでしょう（とはいえ今の時代、過去の仕組みに頼っていたら大手でさえ危ういですが）。

ですがベンチャーは、たとえ大企業であっても型や仕組みが存在しないことが多く、経営者がいなくなれば成長し続けることが難しくなります。

「型」や「仕組み」があって当然と思うほうが、間違いなのです。

評論家と「改革者」は紙一重の違い

とはいえ経営者としても、型や仕組みがあるといいなとは考えています。

ある程度の規模や社員数になると、経営者が全社員の行動をチェックしたり指導したりするのが難しくなるからです。

経営者が立てた戦術を全社員に遂行してもらうための型が必要になります。

ですが属人的な手法で結果を出してきた天才肌の経営者にとって、自身の感覚や論理を型や仕組みに落とし込むのは不可能だったりします。

ここで、「セカンドペンギン」の出番です。

型や仕組みがないなら、あなたがつくりましょう。

一部の天才の成果に支えられるのではなく、全員が着実に結果を出せる仕組みを。

自ら率先して任務を遂行して、うまくいった方法をまとめて、他の人でも再現できる型や仕組みを提案するのです。

これができる人こそ、求められている人材であり、評価される人です。

仕組みがないことは、ある意味で、あなたが結果を出すチャンスなのです。

じつは評論家は、**もっとも成功に近い人であるとも言えます。**

組織を俯瞰《ふかん》して欠点や改善できる点に気づく力を持っているからです。

それを指摘するだけで、**行動は他人に任せているから評価を下げるのです。**

「もっとこうしたほうがいい」と思いついたら、他人に任せてはいけません。

仮想の計画を立てたり実地で調査したり、こっそり小さく始めてみたり。

なんでもいいから自分でやってみることが大切です。

口だけでなく手を動かし、足を使い、行動するのです。

そうして多少なりとも結果が出たアイデアなら、経営者の耳にも届きます。

なぜなら経営者が何よりも好きな言葉は「結果」だから。

組織の課題を見つけて評論している人と、課題を見つけて仮説を立てて行動したうえで提案する人。

最初の気づきは同じでも、得られる結果や評価は天と地ほどの差になります。

「スピード感」のないベンチャーは死ぬ

「自分でやる」の次は、「すぐにやる」ことの重要性についてお伝えします。
ベンチャーでは、とにかく「スピード」が求められます。
速さだけが、**ベンチャーが大手企業に対抗しうる唯一の手段だからです。**
多くの人は、ビジネスの世界で勝つには「差別化」が必要だと考えます。
他の商品やサービスにはない、「明確に差別化された強み」が必要だと。
ですが、差別化以上に大切なことがあります。

かつてはベンチャーとして誕生し、今では各分野を席巻しているFacebookやGoogle、Microsoft、Appleでさえ、市場には後発で参入しました。

彼らは差別化された価値を生み出したから成功したわけではありません。

圧倒的な速さと量で、既存の価値の改善・改良を繰り返したからです。

「0→1」の発明ができなくても、誰かが発明した「1」を圧倒的な速さで「10」に育てることができたら、最終的な勝者になることができます。


「スピード!!　スピード!!　スピード!!」


楽天の三木谷浩史さんが、自社の行動指針のひとつである「成功のコンセプト」として掲げている言葉です。

3回唱えるくらい、「スピードが命」というマインドを全社員にインストールしてほしいと願っているのでしょう。

「他社が1年かかることを1ヶ月でやり遂げることが重要だ」とも示しています。

これほどではなくとも、**スピードを重視してほしい気持ちはすべてのベンチャー**

経営者の本音です。

「大手企業」が攻めてきたらすべてが終わる

先行者利益を得る以外にも、ベンチャーがスピードを重視する理由があります。のんびりやっていたら、**あとから参入してくる大手企業にすべてを持っていかれるからです。**

電子決済の技術が登場した2018年頃のこと。

ベンチャー各社によるアプリが乱立していたなか、すでに大手企業となったソフトバンクが「100億円あげちゃうキャンペーン」とともにPayPayをアピールし、シェアを一気に広げていったのは記憶に新しい話です。

資本力と認知度で、ベンチャーは大手企業に敵いません。

大手が参入してくる前に市場で存在感を示すために、スピード感が必要なのです。

実際、ベンチャーの最大の強みはその「スピード感」だと言えます。

大手企業なら課長、部長、役員、社長と、何重もの審査を経て数ヶ月かけて承認されるようなものも、**ベンチャーなら社長に直接提案して1日で決裁がおりたりします**。

経営者もスピードの重要性を理解しているからです。

三木谷さんの掲げる「他社の1年を自社では1ヶ月で」はなにも無茶なことではなく、それくらいでなくてはベンチャーとしての強みを活かせないということです。

「仕事の質を上げよ」と突然言われても無理ですが、スピードを上げることは工夫や努力次第でできます。

圧倒的な量をこなせば、その経験によって仕事の質を高めていけます。

スピードを上げることで、よりレベルの高い仕事ができるようになるのです。

反対に、いつまでも検討ばかりしていてなかなか着手しないような人は、結果を出せないのはもちろん、仕事の質も上がらず、評価もされません。

「スピード感」のなかで失ってはいけないもの

速くやることの大切さをお伝えしました。

こう言うと、つい「効率化」という視点に囚われてしまう人がいます。

無駄に思えることを省き、必要なことだけやろうとします。

間違ってはいませんが、ひとつだけ気をつけてほしいことがあります。

効率を追い求めることで、**礼儀のない人になってはいけません。**


世の中、礼儀は大事です。

こんなことを言うと、若者なんかは「古臭いな」と思うでしょう。

ベンチャーに入った途端、「過程より結果が大事だ」と言って礼儀礼節がなくなってしまう人もいます。

「少しくらい粗くても結果を出せば評価されるんでしょ?」と。

もちろん結果は大事です。

ですがベンチャーといえども、経営者の皆さんは礼儀をかなり重んじています。

礼儀や仁義を尽くして人に応援されたことで成功をおさめてきたからです。


私もベンチャー経営者と会うときは、礼儀を気にかけています。

たとえば会食に参加する際、**事前に相手の部下や秘書の方に好みを聞いて手土産を用意するのは大切な礼儀です。**

目上の方の場合、ご馳走になってしまうことも多いでしょうから、手土産のひとつでも持っていかないと恥ずかしい思いをします。


初対面の人と会う際は、相手の出身地や出身校、会社、趣味など、ネットやSNSで収集できる情報はできるだけ集めておくのも礼儀です。

そして当日の会話で出し、共有できる情報を話せるようにしておきます。

「最近はどんな仕事をしているんですか?」なんて聞いたら失礼です。

以前、年齢もキャリアも上の方と初めてお会いしたとき、相手が私のブログや書籍を熟読してくれていたことがわかって感動した経験があります。
「この人は、人との出会いを大切にしているんだな」と、心底思いました。

誰にでもできることですが、できている人はほとんどいません。
こういった礼儀を大事にできる人が、経営者に好かれ、評価されます。

手土産を用意したり、相手のことを調べたり。
正直「面倒だな」と思うことでしょう。
ただでさえ忙しい時代ですから、時間はありません。
いちいちそんなことをしていたらスピード感のある仕事ができなくなる。
こう思う人もいるでしょう。

それは認識が間違っています。
やるべきことを減らして仕事のスピードを上げるのは本末転倒です。
やるべきことをすべてこなすために、仕事のスピードを上げるのです。

「トレンド」を嘲笑してはいけない

素早く行動できる人になるために、心がけてもらいたいことがあります。

「トレンド」に敏感になりましょう。

流行りをいち早く察知して、自分でも体験してみるようにしてください。

アメリカで誕生した音声配信ＳＮＳアプリ「Clubhouse」。

２０２０年に日本に上陸した際、私の周りのベンチャー経営者たちはいち早く利用し始めました。

2023年、Meta社が新たなSNS「Threads」を発表した際も同様でした。

これが伸びるかどうか当時は誰もわかっていませんでしたが、FacebookやInstagramをやっている巨大テック企業の新サービスですから、とりあえずやってみてから考えればいい。

そう思って行動できるような人だけが、結果を出せます。

次の「常識」は誰も予想できない

「そうは言っても、ClubhouseもThreadsも一瞬のブームで終わったじゃないか」

そう思った人は、要注意です。

自分で試しもせず、遠くから眺めて「ほら見たことか」と嘲笑するのは、まさに評論家のやることです。

せめて自分で試してから批判しましょう。

その姿勢のままではセカンドペンギンになるどころか、群れの後方に追いやられ、たとえ魚群が見つかっても獲物にありつくことはできません。

新しい技術やサービスは、そのほとんどが一過性のトレンドで終わります。

ですがそういったもののなかから、**次の時代の常識が生まれます**。

私が若い頃は「インターネットはツールであって、産業になることはない」とずっと言われていました。しかし現在、GAFAMをはじめとして世界の時価総額トップ企業はほとんどがネット企業になりました。

Episode

「人材紹介業」というグレーゾーン

人材紹介業も、かつては正式には認められていない仕事でした。

とはいえ当時すでに、転職が当たり前になるトレンドの兆しがありました。

その流れを察知した人たちは、「人事コンサルティング」という契約内容にして、採用の手伝いをしていたのです。

私も含めて当時の人材紹介業は、どの会社もそうやっていました。

その後、厚労省の許認可事業になり市場は爆発的に広がり、その規模は今では6000億円とも言われます。

競争環境は激しくなりましたが、認可前から先行して事業を始めてポジションを築いていた人や企業は、市場がレッドオーシャンになっても地位を奪われずにすみました。

新しいことにこそ、ビジネスの芽があります。

何が次の時代の常識になるかなんて誰にもわかりません。

ですが今流行っているということは、**そこには何かしら人の心をつかみ、動かす理由があるということです。**

目の前で起きていることに対して敏感になり、「やってみる」ことが大事です。

まず体験して、その現象の背景に目を向けてみる。

そこからビジネスの新しいアイデアを考えてみる。

ベンチャーで結果を出す人は皆、これを癖にしています。

伝統とは「変化」の連なりである

一方で、新しいことにまったく興味がない人もいます。

流行に左右されずに、愚直に基本を貫くことが大事だというのもわかります。

ですが**長く続いているものこそ、絶えず変化を繰り返していたりします。**


私は京都の有名なお茶屋さんのお手伝いをしていたことがあります。

そのとき、「なぜ何百年も続いたんですか？」と聞いてみました。

お店の方は「3割はつねに挑戦せよ」という教えのおかげだと話してくれました。

つねに挑戦と失敗を繰り返して変化してきたから、今日まで伝統を守り続けることができたそうです。


変化できる人や企業だけが、長く生き残ります。

なぜなら、**時代はつねに変化しているから。**

何百年も続いている名門企業でもこうなのですから、私のような一般人はなおさら新しいことに柔軟に対応していかなければならないなと、学びを得たのを覚えています。

あなたの「賞味期限」は誰が決めるのか

年齢が上がってくると、人は新しい挑戦をしなくなります。

「今さらＳＮＳなんて恥ずかしくてできません」

「それは若い人のものでしょう」

こう言って敬遠する人は少なくありません。

ですがビジネスの世界に身を置いている以上、その世界の変化に合わせて自身をアップデートしていかなくてはいけません。

それができない人は、**流れについていけず締め出されるだけです。**

今の時代にインターネットやパソコンを使えない人が、まともにビジネスをできると思うでしょうか？

極端なたとえ話ではありません。レガシー企業の経営者には、実際にそういう人が今でもいたりします。

そこまででなくとも、**ベンチャーに勤めているのならせめてTikTokやInstagramくらいはやっておくべきでしょう。**


野球やサッカーといったスポーツには引退適齢期があります。

早ければ30代で、40代ともなれば多くの選手が次のキャリアを考え始めます。

一方でビジネスの世界では、60代でも現役バリバリのビジネスパーソンは山ほどいます。80代で経営の最前線に立っている経営者もいます。

ビジネスの世界では肉体が動くかぎり、**たとえ動かなくなったとしても、生涯現役でいられるのです。**

ですがそのためには、自らの思考や価値観をつねにアップデートし続ける必要があります。時代の感覚からズレてしまうと、もちろんビジネスはうまくいきませんし、仲間や協力者もついてきません。

こうなると、**ビジネスという世界から引退を突きつけられます。**

自分のビジネスパーソンとしての賞味期限を求めるのは、他でもない、「あなた」自身なのです。

年齢を言い訳にせずに、何事もまずはやってみてください。

新しい商品やサービスが登場したら体験してみてください。

社内の若手に自分から教えてあげるくらいになってください。

そこから若手世代との交流が始まり、また新しい知識や情報が手に入ります。

私も焦りに駆られて若手ビジネスパーソンとの交流を始めました。

そこでお会いした方々からは本当に多くの学びと刺激をもらっています。

それが、私のビジネスパーソンとしての現役期間を延ばしてくれています。

自分で「自分」に厳しくできるか

「私は残業をしません。絶対に定時で帰ります」

こう宣言する人がいます。

もちろん仕事は人生の一部でしかなく、プライベートも大切です。

むやみに残業してまで長く働く必要はないでしょう。

しかし**結果を出せるのは、ときに自分に厳しくなれる人です。**

仕事には、多少の無理をしてでもやらなければならない勝負どころがあります。

「自分でやる」「すぐにやる」に続いて大事な、**「たくさんやる」を避けられないときがきます。**

そんなときにも「残業はしない主義なので」「このあと、予定があるので」と主張すれば、上司や経営者はなんと言うでしょうか。

……おそらく、何も言いません。

それくらい今は、**「やれ」とは言えない時代なのです。**

働き方改革、コンプライアンスの遵守、そういった縛りが多数存在します。

ベンチャーでさえ、かつてほどの無理は強要されなくなりました。

ただ、上司や経営者は何も言いませんが、**心の中ではこう思っています。**

「定時なのはわかるけど、今が大事なときだとわからないのかな」

「仕事に対して責任感ややる気がないな」

「次の重要な仕事は、別の人に頼むようにしよう」

これが**綺麗事を抜きにした感情です。**

みんな「見えないところ」で努力している

「そんなことを言われても、法律で定められているのだから別にいいでしょ」

「プライベートを犠牲にしろと言うんですか？」

そんな反論は、ごもっともです。

そう思うのであれば、それでいいと思います。

強制してまで意識を変えてもらおうとは思いません。

ですが、ただの事実として伝えさせてください。

結果を出すためには、ときに多少の無理が必要になることもあります。

こんな時代だから、誰も言わないだけです。

たとえば大口の取引については、プライベートも含めて付き合うことで契約を解除させせない努力も必要になってきます。大手企業相手のビジネスをやっているベンチャーで、休日にゴルフ接待をしているところは普通にあります。

ベンチャーがそんな古臭いことをしているイメージが湧かないという人もいるでしょう。

でも、**たとえ時代遅れだとしても、それで結果が出るのなら、やるんです。**

何をしてでも結果を出す、まさにベンチャースピリットです。

結果を出す人は皆、陰で努力しています。

昨今では定時後もオフィスに残って働くことが許されない会社も多いでしょう。

そこで退社後にセミナーや交流会に参加したり、勉強をしたり、ビジネス書を読んで自己研鑽したりしている人が結果を出します。

真っ直ぐ家に帰ってだらだらとテレビを眺めたり、ゲームをしたりしているような人とは、おのずと差が広がっていくでしょう。

Episode

「オフ」がほぼなかった社会人1年目

インテリジェンス1年目のときは、毎日8時半に出社して23時まで働いていました。そして移動時間や帰宅後などの空いた時間は、ひたすら本を読んでいました。ビジネス書はもちろん、村上春樹や村上龍といった小説や話題書など、年間100冊くらいは読んでいました。

本以外にも、ビジネス雑誌や日経新聞の連載「私の履歴書」のバックナンバーなどを定期的に読んでいました。とくに「私の履歴書」からは、ビジネスの世界で苦労せずに成功した人はいないのだなと、社会の現実を教えてもらいました。

週末も、結婚式などの外せない用事がなければ、だいたい働いていました。単純に仕事をするというよりも、交流会や勉強会などに参加して、社外の人に会うようにしていたんです。

この時期に出会った仲間が、その後も私の人生を支えてくれています。

もはや仕事とプライベートの境はなく、あまりおすすめできるような生活ではありませんが、仕事が好きだった私はとくに苦ではありませんでした。

自分の才能や能力が他者と同じくらいだと思うのであれば、どこか他の部分で差をつけなければなりません。

副業をしたり資格を取ったりするのも有効かもしれませんが、まずは本業にコミットすることが最優先でしょう。

繰り返しますが、私は皆さんに無理を強いる気はもちろんありません。

ただ、後悔はしていただきたくないので、**そういうふうに努力している人はいると、事実だけはお伝えしておきます。**

自らの意思で選択し、行動してほしいと思います。

「量より質」は、ある意味で間違い

「仕事において大事なのは、量より質でしょう」

このように主張する人もいます。

反論する余地のない事実ですが、一方で、こんな真理もあります。

「仕事の質が高い人は、量をやっている」

イチロー選手は誰よりも球場入りが早く、準備を怠らなかったと言われています。

歴史的な記録を次々と打ち立てている大谷翔平選手は、日本にいたときとは明らかに体つきが違います。おそらく膨大な量のトレーニングをしたはずです。


私も人材エージェントとして24年近くやってきましたが、当然、1年目から今のようにできていたわけではありません。

転職希望者の本音をどう引き出すか。

企業との相性をどう見抜くか。

転職を成功させるためにどのようなアドバイスをするか。

1万人以上の人と対峙してきたなかで少しずつ手応えをつかみ、自分なりに改良を重ねてきました。

今でも反省の毎日です。

良くできたと思う日もあれば、自分に落胆する日もよくあります。そういった蓄積によって自分の引き出しが増えて、質が上がっていくのだと感じています。

質と量、どちらが大事なのかではなくて、結局はどちらも大事です。

ただ、**量をこなさないと「質」は上がりません。**

百発百中でホームランを打てる天才なんていません。

まずは打席に立ってボールを受けて、最初は空振りばかりでも、「もうちょっと上かな？」「もう少し下かな？」「ちょっと振るのが遅いかな？」と改善していくことで、やがてバットにボールが当たるようになります。

その感覚を覚えて、繰り返しながらさらに改善して、ようやくホームランが打てるようになります。

1年間で10回しか打席に立たない打者と、100回打席に立つ打者では、能力は大きく開いていきます。

量をやるから、質が高まっていくのです。

「納得感」なんて求めてはいけない

「納得できたらやるんですけど……」

ベンチャーで伸び悩んでいる人の相談に乗っていると、よく出てくる言葉です。

仕事を振ってきた上司に対して、ときには経営者に対して。

「仕事の狙いがわからないです」

「なぜ、そうしなくてはいけないのですか？」

このように反論したり問い詰めたりする人もいます。

そんな部下に対して、上司や経営者はこう思います。

「**嫌なら辞めればいいのに**」

冷たいと感じるでしょうか。

ですが会社は「プロ」の集まりです。報酬（給料）をもらっているのであれば、その相手が望む結果を出さなくてはいけません。

あなたはお客様や取引先ではないのですから、**上司や経営者にはあなたを納得させる義務はありません**。

あなたが嫌がるなら、他の人に頼むまでです。

ただし、あなたの評価は下がりますし、ときには仕事への適性がないと判断されて配置換えになることもあるでしょう。

それが嫌なら、職業の選択は自由なのですから、自分が納得できる戦略や戦術をとっている会社に行けばいいのです。

その決断を、上司も経営者も引き留めはしないでしょう。

「素直さ」だけは手放してはいけない

不思議なもので、周囲から「頑固だな」と思われている人ほど自分に対しては「素直だ」という自己評価をしがちです。

メタ認知が弱いというか、自身を客観的に見るのが苦手だからかもしれません。

社会は他者評価でできています。

他者から「素直じゃない」と感じられたら仕事は振られませんし、アドバイスももらえません。

つねに新しい仕事が生まれるベンチャーでは、「誰に仕事を振るか」という判断が日々おこなわれています。

そんなとき、**素直さがない人に積極的に依頼したいと考える人はいません。**

Episode

教えてくれる人のありがたさ

素直さが大事と書きましたが、かつての私は頑固でした。

今も直っていないかもしれませんが、ある人が諭してくれたことで変われました。

それはインテリジェンス時代の、当時の上司です。

その上司は、私に独立志向があることに気づいていました。はっきりと伝えたわけではないですが、私の言動から気づいていたのでしょう。

そして、私にこんなアドバイスをくれました。

「高野、独立して、藤田のように（その人は藤田さんの先輩でした）なりたいとか、宇野さんみたいになりたいなら、今のうちに吸収できるものはなんでも吸収しておけよ。独立したら上司はいなくなるぞ。誰も無料でアドバイスしてくれることなんてなくなるんだからな」

こう言われて初めて、ちょっとムキになっていた自分に気づけました。


あなたは機会損失をしていないでしょうか。

仕事を振られなくなると、成長機会も失い、結果を出すことも難しくなります。

そのままだと、かつての私のようになってしまうかもしれません。

「無茶を言われなくなった」という危険信号

「最近、上司もあんまり無茶を言わなくなってきたな」

「怒られることが減ってきたな」

そう感じていたら、焦ったほうがいいでしょう。

それは相手が、**あなたのことを「言っても聞かないやつ」と諦めただけです。**


私は転職希望者にアドバイスすることを職業にしていますが、ときに「これ以上この人に言ってもわかってもらえないな」と諦めてしまうことがあります。

それ以上強くアドバイスしても、恨まれて、あんなことを言われたと陰口を叩かれるだけだからです。

仕事を振ってくれたり、アドバイスをしてくれたり。

誰かがかまってくれるのは喜ぶべきことなのです。

その人は、あなたに任せたい、あなたならうまくやれるはずと、期待してくれています。

ですから振られた仕事にはできるだけ取り組みましょう。


「納得感」なんて、いりません。

それが組織で働くということだから、やるのです。

なにも思考停止的に働けというわけではありません。

やってみて「もっとこうしたらいいかも」と思ったことは報告しましょう。

あくまで「やるかどうか」を判断する権利は、あなたにはないということです。


「とりあえず全部やれ」

結果を出すには、これにつきます。

「やる」だけでなく「やり抜く」が大事

自分でやる。すぐにやる。たくさんやる。

「行動」の大切さを伝えてきました。

でもじつは、「やる」だけでは不十分です。

セカンドペンギンが海に飛び込んだところで、魚を捕まえることができなければ「群れ」はついてきません。

「やる」よりも重要なこと。

それは、**結果が出るまで「やり抜く」ことです**。

ペンシルベニア大学のアンジェラ・ダックワース教授は「やり抜く力」を「GRIT」と表現し、そのことを書いた著書は日本でも30万部超のベストセラーになりました。

ニデック株式会社（旧・日本電産株式会社）の永守重信会長も社長時代、同社の「三大精神」のひとつに「すぐやる、必ずやる、出来るまでやる」を掲げました。

仕事の結果が出るまでやり抜く人。

そんな人はベンチャーはもちろん、どんな環境でも評価されます。

絶対に「負けない」たった1つの方法

こういう話をすると「古いよね」などと言われたりするのですが、年齢を問わず結果を出している経営者は皆、同じようなことを言っています。

ですからこれは真理なのでしょう。

経営者が人を評価するときも、「やり抜く人かどうか」を見ています。

結果が出るまでやり抜いてくれるかどうか、です。

これほどまでに「やり抜く」ことを重視するのには、理由があります。

最後に勝つのは「やり抜いた」人や企業だからです。


ビジネスの摂理として、人気が出たビジネスには多くの企業が参入してきます。

先述のように、GAFAMもすべて後発で市場に参入したと言われています。

日本を代表するメガベンチャーの楽天、サイバーエージェント、DeNAなども、すべて後発の事業モデルです。セカンドペンギンですらなく、サードだったり、もっと後発であったりするわけです。

ユーザーからすると最初に始めた企業かどうかなんて関係ありません。

自分にとっていちばん良い価値を提供してくれる企業を支持するだけです。


となると重要なのは、**掲げた戦略を結果が出るまでやり抜けるかどうかです。**

当たり前ですが、勝てるまでやれば、絶対に負けません。

着実に任務を遂行するフォロワーシップ、または人を動かすリーダーシップ。

どちらでもいいから、とにかく「結果が出るまでやる」ことが、ベンチャーにおいて求められる行動の最適解なのです。

「評論家」からの批判を恐れるな

この本を読んでいる方は真面目で成長意欲が高いはずです。

YouTubeやTikTok、Netflixなど面白いコンテンツがあふれているなかで、貴重な時間を費やしてビジネス書を読んで自己研鑽しているのですから。

なので「結果が出るまでやり抜く」ことの大切さはわかってもらえたと思います。

そのための能力や責任感も、ある程度は持っていることと思います。

ですが、**周りの人はそうではないかもしれません。**

セカンドペンギンとして行動するあなたを批判する評論家も出てくるでしょう。

目立っているあなたに嫉妬して邪魔してくる人もいるかもしれません。

少しでも失敗すれば、ここぞとばかりに叩かれることもあるでしょう。

やがて批判や失敗が怖くなってしまうかもしれません。

行動できない人のいちばんの原因は、**「失敗が怖い」という不安感情なのです。**


かつての私も、誹謗中傷されて、よく暗い気持ちになったものです。

信じていた仲間が裏切り行為をし、私への誹謗中傷をいろいろなところで話していると、人伝《ひとづて》に聞きました。ネット上にも、私とは断定していませんが、そう受け取られてもおかしくないようなことを書いていました。

たしかに私にも多少の非はあったのかもしれませんが、彼は私のことを信じてくれていたのではなかったのかと、心療内科にかかるまでに悩んでしまいました。


周囲からの批判について、アドバイスできることはひとつだけです。

慣れましょう。

これしか言えません。

『鈍感力』『反応しない練習』『嫌われる勇気』などの本がベストセラーになったように、他者からの批判に対する有効な手立ては「気にしない力」を持つことです。

今は批判してくる人も、時間が経てばみんな忘れてしまいます。

批判が集まったとき、もっとも効果的なのは「何もしないこと」だと、日本を代表する企業の経営者から聞いたことがあります。

いちいち反論していてもきりがない。人は忘れてしまう生き物だから、堂々として静観しておくことが大事とのことでした。

それに、よく考えてみてください。

1年間で打席に5回立ち、4回成功したAさん。

1年間で打席に50回立ち、10回成功したBさん。

どちらが優秀と言えるでしょうか。

成功率で見たら、80％と20％。Aさんのほうが優秀に見えます。

ですが、より多くの「勝ち」をもたらしているのは、Bさんです。

目指したいのは、Bさんです。

それでもしAさんに「40回も失敗している」なんて批判されても、気にする必要はありません。心の中で**「私はあなたの10倍挑戦し、倍以上の結果を出した」と、勝ち誇ればいいのです。**


そしてもし、あなたがAさんであるなら。

挑戦の回数を少し増やすだけで、Bさんよりも多くの結果を得られます。

失敗しない能力のある人こそ、守りに入るのではなく果敢に挑戦すべきなのです。

「嫌われる」よりも恐れるべきこと

批判されるのは嬉しいことでもあります。

組織のなかであなたが存在感を示せている証拠だからです。
好きな芸能人1位は、嫌いな芸能人でも上位だったりします。
存在感があるからこそ批判されるわけです。
批判してくる人の数だけ、あなたのことを応援し、期待している人もいます。

いちばんつらいのは「**無視されること**」です。
毒にも薬にもならない。そんな言葉もあります。
波風立てずに生きていきたい。
それがモットーの生き方も当然ありですが、結果を出すことはできないでしょう。
結果を出したい、存在意義を得たい、そう思うのなら遠慮する必要はありません。
批判はされるものとして受け入れて、行動していくことです。

批判してくるのは行動に移す勇気のない人たちです。
そんな人たちは、行動した人を責め、批判することで、行動しない自分のことを肯定しようとします。そうすることでしか自身の選択を肯定できないのですから仕方のないことです。気にするだけ無駄です。

そんなことに時間を浪費せずとも、**あなたが海から魚を持ち帰ってくればコロッと態度は変わります。**

「悲観」したまま、一歩目を踏み出す

「総論楽観、各論悲観」という言葉があります。

京セラや第二電電（現ＫＤＤＩ）の創業者である稲盛和夫さんの経営哲学のひとつ、「楽観的に構想し、悲観的に計画し、楽観的に実行する」を表した言葉です。

「失敗するかもしれない」と、暗い気持ちで取り組んでは何事も苦しくて続かない。「自分は大丈夫だ」と楽観的に思えることがとても大事。

ただしその過程においては「何かが起きるかもしれない」と悲観的に考えて、ひ

とつひとつの仕事のリスクを考えて潰していく必要がある。

インテリジェンスでもよく使われていた言葉で、今でも大切にしています。

でも、総論すら楽観的に考えられないのが人間というものです。

どれだけリスクを潰しても不安で行動できない、心配性な人も多いでしょう。

そんな人は「総論悲観」でもいいと思います。

はじめは悲観的でも、行動していくうちに気持ちが変わっていくこともあります。

私がこれまでに支えてきた起業家たちも、多くは心配性すぎる性格でした。ですがそういった人たちが上場以降、どんどんと自信をつけていく姿を見てきました。

Episode

行動できなかった社会人1年目「最大の後悔」

インテリジェンスに入社した1999年、その年の終わりに社内でビジネスコンテストが開かれました。

私も新入社員の同期でチームを組んでビジネスアイデアを考え、参加しました。

結果として全16チームのうち3位になりました。

このときに提案したのは、「Challenged」と名付けた、障害者を対象とした就職支援事業です。

今から考えると、時代を先取りした、可能性のある事業だったと思います。

実際、その後２００３年には、障害者雇用サービスを軸とした企業「ゼネラルパートナーズ」が創業しました。その会社の創業者はインテリジェンスの先輩でした。

２００５年には、同じく障害者の就労支援をおこなう「LITALICO」が創業。その後、上場しています。

私はいち早く、その事業の社会的ニーズに気づいていたのです。

でも、行動できなかった。

社会人１年目でしたから、経験も能力もなく、躊躇してしまったのです。それを超えるくらいの本気もなかったのでしょう。

今思うと、それでもやればよかったと、後悔しています。

「行動しなかった後悔」のほうが、やってみてダメだったときよりも悔いが残るのだと思い知りました。

総論も各論も楽観的で詰めの甘い仕事をするよりは、悲観的すぎるほうが何倍もマシです。

「社長はいけると言っていたけど、本当に大丈夫なのかな？」

不安な気持ちを抱えたまま飛び込んでみてください。

その先にある小さな手応えが、あなたに自信を与えてくれるはずです。

たとえ不安があっても、あれこれ考えるより、まずは思い切って行動してみる。

これがベンチャーで結果を出すための「任務遂行」の作法です。

でも、あなたが飛び込むのは数メートル先も見えない暗闇かもしれません。

そんな状況であなたがついていくべき「指針」となるのは、いったいなんなのでしょう。

次の章では、一歩を踏み出す勇気を得たあなたが、迷わないための作法についてお伝えします。

第3章

誰の期待に応えるべきか

――「指示対応」の作法

「一度決めたことを貫き通す」

これが大事と言われるが、本当だろうか？

なぜ経営者の意見は、コロコロと変わるのか？
どうして、掲げる戦略が毎年変わっていくのか？
新しく始めた事業を、なぜすぐにたたむのか？
行き当たりばったりで、この会社は大丈夫なのか？
ベンチャーでそんな不安を抱く瞬間は、少なくない。

だが組織の未来を見据えているのは、経営者である。
その指示についていけない人は、必要とされない。

この章では、ベンチャーで結果を出すために必要な
「指示」との向き合い方をお伝えしよう。

「顧客」より「経営者」を見ろ

あなたは普段、誰のために仕事をしているでしょうか。

商品やサービスのユーザー、取引先企業、協力会社、親会社、株主。

企業にはさまざまなステークホルダーが存在します。

一般的には、多くの企業で「顧客」のほうを向いて働くよう、行動指針として掲げられているでしょう。

ベンチャーでも、経営者は「顧客を大事にしましょう」と言っているはずです。

ですが、**言葉の内容をそのまま受け取ってはいけません。**

経営者がこのような発言をするとき、その裏にはこんな思考が隠れています。

「顧客を大事にしろ」という、私の言葉をしっかり守れ。

要するに「私（経営者）がいちばん」です。

これが、ベンチャーにおける絶対ルールなのです。

ベンチャーでの評価は「数値化」できない

「そうは言っても、仕事は顧客のためにおこなうべきですよね？」

この指摘は、当然です。

あらゆる仕事は顧客のためにおこなうべきであり、顧客に選ばれることで企業は大きく成長していきます。

ですがこれも、厳密にはちょっと違います。

「**（経営者が決めた方法で）顧客のためになる仕事をする**」

これが真実です。

社員数百人ほどのベンチャーでは、現場マネージャーが一次評価をつけたうえで、最終的には経営者が全社員を評価します。

明確な基準がなく、経営者の独断と偏見によって評価がつけられていることも少なくありません。

そして、たとえ結果を出したとしても、**経営者の指示と違う方法によるものであれば「反抗的なやつ」と烙印《らくいん》を押され、評価を下げられてしまいます。**

現場と経営者の距離が近い分、仕事の進め方や姿勢に対する感覚的な評価も加味されるのです。

たとえ顧客のためとはいえ、経営者の指示や方針に歯向かってはいけません。

「統制を乱す人」として危険視されるだけです。

ベンチャーにおいては「経営者」も、顧客と同じくらい、いえ、それ以上に意識すべき対象なのです。

結局のところ組織は「ピラミッド構造」

組織においては経営者の指示が絶対です。

それが、一寸先もわからない世界でビジネスを進めていくうえで唯一と言っていい指針となります。

なぜならベンチャーといえども**組織の基本構造は「ピラミッド」だからです。**

私がインテリジェンスへの入社を決めた理由のひとつは「フラット」な組織だと聞いたからでした。

実際、階層は多くはありませんでしたが、それでも経営陣やマネージャーという階層はありましたし、業務の指示系統は存在していました。

その後も、上場して大企業になっていくなかでいくつもの階層が登場し、管理職が何人も誕生しました。

社長と共同経営者の2人だけでやっているような会社であれば別ですが、数人でも社員が入社し、「経営者と社員」という関係性が発生した瞬間に「組織」になります。

レンガが2個でも積み上がれば、それはもう「小さなピラミッド」なのです。

指示を出す人と、実行する人。

上から下に仕事や情報が流れていくようになり、経営者を頂点としたピラミッド構造が描かれます。

ピラミッド構造の組織と言うと「昭和的だな」と言われることがあります。

ただ大手でもベンチャーでも、**伸びている会社はみんなピラミッド型組織です。**

数年前、フラット型である「ホラクラシー組織」が流行りましたが、今ではほとんど耳にしなくなりました。

成功事例もほとんどないようで、一過性のブームで終わったようです。

本当に全員がフラットだと決まるものも決まりませんからね。


たとえ小さなベンチャーであっても、ある程度のピラミッド構造にはなっていて、仕事は上流から下流へと流れていきます。

この構造に適応しないと、結果は出せません。

ピラミッド型組織を否定したところで、意味がないのです。

期待に応えるべき「真の顧客」とは

ベンチャーに入ったら風通しが良くて、なんでも好きに発言していい。

このように考えている人もいますが、これは勘違いです。

ベンチャーでも大手企業でも、組織は基本的にピラミッド型です。

上の人に求められたら提案や意見をしてもよいですが、**「なんでも好きに言えばいいんだ」という協調性のない人は大きく評価を下げます。**

「上司や経営者に媚びを売らないといけないのですか？」

こう受け取る人もいるでしょう。

かつての私もそう思っていたので気持ちはわかります。

ですがなにも上司を持ち上げろとか、経営者に忖度《そんたく》しろというわけではありません。

単純に**「上司や経営者の期待に応える」ことを目標にすればいいのです。**

いったん、会社に言われた方法でやってみる。

顧客と会社で利害が一致しなかったときは、会社の方針を大事にする。

そんなイメージです。

レベルの高い業務を任せてもらい、結果を出す機会をもらうには、すべては経営者から評価されなくては実現しません。

私がこの事実に気づいたのは、インテリジェンスに入社して5年ほど経ってからでした。

それまでは顧客がすべてだと思っていました。

上司や経営者の意向に反したとしても、お客様のためになることをする。

間違いではありませんが、これによって私のキャリアはだいぶ遠回りしました。

もっと素直に言うことを聞いていれば、規模の大きい仕事を任せてもらえて、**結果として多くのお客様のためになる仕事ができたというのに。**

ですので、まずは素直に指示を受け止め、とりあえずやってみることが大切です。

「朝令暮改」を受け入れよう

大事なことなので、何度でも言います。

組織では、経営者の指示が絶対です。

抵抗を感じる人もいるかもしれませんが、これは要するに**自分の視野で見えることだけで判断するな**ということでもあります。

「先月始めた例のサービス、もうやめるんだってよ」

「この前はこっちのデザインでいいって言ったのに、今朝聞いたら変わった」

「うちの社長は、言うことがころころ変わるよね」

困ったもので、ベンチャーでは「経営者の指示」が突然変わったりします。

二転三転するのは当たり前、**朝令暮改どころか朝令朝改さえあります。**

Episode

明日、何が起きるかわからない世界

これは私の知人の話です。

その人は、とあるベンチャーキャピタルから出資を受けていたコンサル系企業から、コンサルタント兼プロダクト開発担当者としてオファーを受け、入社を決意しました。

しかしその翌週、代表から「大事な話があるから」と連絡をもらい、入社前ですが全社MTGに参加しました。

なんと、「合併する」とのこと。

いろいろあるのがベンチャーだと思っていたためそのまま入社するも、マーケティング担当のメンバーが全員辞めることになり、急遽、経験のあったその人に白羽の矢が立ち、マーケティング責任者をやることになったそうです。

業務内容どころか、所属部署も肩書も組織も、当初の予定から変わりました。

これまで進めていた商品名やデザインに完成直前で変更指示が入ったり、「次の稼ぎ頭にするぞ!」と意気込んで始めた事業をすぐにたたんだり、新しくつくった部署をすぐに解散させたり……。

現場の感覚からすると、「なんで?」と戸惑うような方針変更が日々発生します。

経営者だけが見ている「景色」がある

経営者の意見や指示がころころ変わるのには、理由があります。
経営者にしか見えていない景色があるからです。
経営者や管理職の指示が荒唐無稽に思えても、そこには必ず理由があります。

たとえば、経営者しか持っていない情報というのが、たくさんあります。会社の資金繰りが厳しい、じつはエース社員が辞めようとしている、ライバル会社から訴訟の動きがある、経理担当者がお金を着服していた……などなど。自分しか知らない情報がありながら、誰にも言えずに抱えていたりします。経営者は孤独な存在なのです。

Episode

破産予定の経営者が抱えた孤独

経営者が資本の4割ほどを保有する、とあるベンチャーがありました。当時、その会社はハードウェアの量産に向けて、15億円を上限に段階的に融資を受けながら、40億円の投資を実行しようとしていました。バーンレート（会社経営において1ヶ月あたりに消費されるコスト。資金燃焼率や現金燃焼率とも言う）が大きかったため、融資の返済を一部待ってもらう必要がありました。ところが出資をしてくれる予定の事業会社は、そのためにオーナー、ファウンダーからの合意を取る必要がありました。しかしオーナーの予定がころころ変わるため、投資の判断が4、5ヶ月遅れてしまいました。

その結果、そのベンチャーは出資を受けるのが遅くなり、資金繰りが厳しくなったため、残念ながら破産してしまったそうです。

苦しいのは、そこからでした。

破産管財人が残っている資産を売却し、債権者に適切に渡さなければなりません。

そのベンチャーの経営者は破産した経験もないので、破産弁護士と話をして、裁判所へ相談しにいくなど、日夜、破産のための準備に追われました。

そして当然、「これから破産します」とは絶対に言えません。

言ってしまうと債権者間で不平等が生じるからです。

その経営者としては債権者よりも先に、これまでお世話になった株主たちに破産することを伝えたかったそうですが、それは絶対にできないと破産管財人から言われたそうです。

そんな秘密と罪悪感を抱えて、破産申請の日まで孤独に過ごしたとのことでした。


社内だけでなく、社外のネットワークから得る情報もあります。

同業他社が有力な商品を発売する予定がある、優秀な人材がA社からB社に移った、C社が買収されて既存事業が売りに出される話がある……など。

広く経営者と交流し、他分野のトレンドを見つけてくることもあります。

理不尽なように思える突然の決断ですが、**現場には届き得ないさまざまな情報をもとに柔軟に判断しているだけなのです。**

こういった状況変化に合わせて、経営者は柔軟に舵を取っていかねばなりません。変化の大きい未成熟な業界に身を置いているのなら、なおさらです。

そして当然、この舵取りに食らいついていける人だけが結果を出せます。

経営者だけが感じている「視線」がある

経営者だけが見ていて、現場の社員には見えていないもの。

それは、もうひとつあります。

「ステークホルダーからの視線」です。

ときにベンチャーの経営者は、充分に儲かっているように見える既存事業でさえ撤退する判断をし、新規事業に手をつけたりします。

社員からすると「儲かっているのに、なぜ？」と疑問に思うでしょう。

それは、一般的な「儲かっている」の基準と、投資家たちから求められる成長にギャップがあるからです。

「ベンチャーは毎年、前年の売上を超えるのは当たり前」

「130～150％くらいの成長をしていないと将来有望とは言えない」

これが、投資家たちがベンチャーに向ける視線です。

投資家である私も、この基準で投資先を判断しています。

経営者だけがこの視線を感じているため、少し儲かっていたとしても、大きな飛躍が見込めないビジネスには早々に見切りをつけ、新たな鉱脈を探すのです。

このように経営者と現場では見ていることや認識にいくつもの違いがあります。

経営者の判断は朝令暮改のように思えても、じつは社員が知らない情報を得て、適切に判断しているのです。

「途中でやめられる」ことを誇りに思うべきだ

むしろ急な路線変更ができることはベンチャーの強みとも言えます。

大企業が新規事業を始める際、そこには多大な時間、労力、資金をかけます。

そのため**一度始めるとなかなかやめることができません。**

たとえうまくいっていないとしても、「あれだけ準備に時間と金をかけたのだから、なんとしても成功させろ」と、上からお達しが出ます。

心理学ではコンコルド効果とかサンクコスト効果とか言われる現象ですね。

超音速ジェット機「コンコルド」の開発に予定を大きく上回る費用がかかり、途中で「このままでは採算がとれない」と判明するも、すでに投資した費用（サンクコスト）がもったいないからと、開発を中止できなかった例がもとになっています。

実際、大手企業では赤字のまま何年も続けている事業などはざらにあります。


一方でベンチャーは、赤字事業を何年も続けていく体力がありません。

少しでもうまくいかないと思ったら、すぐに撤退、路線変更します。

経営者の一声ですぐに方針が変わり、社員たちもすぐに頭を切り替えます。

一度始めてしまったことは容易に変えられない大企業からすると、**ベンチャーのフットワークの軽さはとても羨ましいのです。**

これがベンチャーの強みであり、臨機応変に対応できる人だけが評価されます。


水脈のない場所で井戸を掘り続けても、水は出てきません。

潔《いさぎよ》く諦めて別の場所を探したほうが賢明です。

ビジネスは想いが大事と言われますが、捨てることも大事なわけです。

ですから社員も、経営者の二転三転する指示に食らいついていく必要があります。

経営者に「説明」を求めてはいけない

ほとんどの場合、経営者の急な方針転換によって現場は迷惑を被《こうむ》ります。

「また一から考え直しだ……」

「もう修正している時間なんてない。今日は徹夜だ……」

「デザイナーさんに修正してもらわないといけないけど、怒られるだろうな……」

自分が無理をしたり、社外関係者との板挟みにあったりと、散々な目にあいます。

ですから多くの人は、基本的には変更を受け入れたくありません。

そこで、せめてもの抵抗として、納得できる説明を求めます。

「変更するなら、その根拠となった情報も出してください」

「そうすれば私も協力会社も、納得して対応できます」


ですが、**これは無駄なあがきです**。

先述のように、経営者は社員には明かせない情報をいくつも抱えています。

資金繰りや人事の話はもちろん、もし社外に漏れたら上場ベンチャーの場合は株価に影響することもあります。


前章での話を思い出してください。

あなたが行動するうえで「納得感」は必要ありません。

情報がないから動けない、動かない。これでは組織になりません。


指示されたから、動く。

指示が変わったから、変える。

あなたが行動する理由は、それだけでいいのです。

最後は「神頼み」で判断する経営者たち

経営者に納得のいく説明を求めたところで、**根拠なんてなかったりします。**

これまでに私が会ってきた優秀な経営者たちは、数字を重視した科学的な思考をする人が多い印象でした。

継続的に成長している会社の経営者は全員がそうだと言っても問題ありません。

ですがそういった有能な経営者も、最後は「根拠のない力」を信じたりします。「気合いと根性だ」と思っていたり、風水、四柱推命、マヤ暦、宗教などにアドバイスを求めたり。

やけくそになっているわけではありません。

数字や科学、ロジックをもとに考えて可能なかぎり努力したうえで、**それでも届**

かない境地に辿り着くために、最後は運や勘を信じて判断や決断をしているのです。

まさに、人事を尽くして天命を待つ姿勢です。

50代くらいの経営者、とくに創業経営者にはこういう人が多い印象です。

「正解なのか？」ではなく「正解にする」のが仕事

いくつもの会社で従業員と面談をしてきたなかで、気づいたことがあります。

どんな会社にも、**「変化を嫌う人」が必ずいるということです。**

「また社長が変なことを言い出したんです」

経営者の考えについていけない。指示に納得できない。

言葉にする、しないにかかわらず、そんな感情を何度も感じ取ってきました。

そして、こんな声も多数聞いてきました。

「信じられる経営者の下で働きたいんです」

ただ私は、こういった言葉を耳にするたびに、ある違和感を抱いていきました。

皆さん、経営者に対する「期待値」が高すぎませんか？

経営者とはいえ、所詮はみんなと同じ「人」です。
未来のことなんてわかるわけがありません。
判断を間違うことだって、当然あります。
そもそも今は論理的な判断で先を見通せる時代ではありません。
コロナや戦争といった突発的なリスクや、ＡＩの登場といった技術革新など。
誰も先のことはわからないなかで、経営者は決断しなくてはいけないのです。
それに、**論理的に考えてわかるようなことであれば、すでに他の人や企業が先行**

しています。

論理では導けない判断をするから、誰も辿り着いていない場所に行けます。

ですから、ときには論理やセオリーに反した行動も必要になってきます。

路線変更の理由や根拠を求め、陰から批判し、後ろ指を指す。

経営者の選択や判断を「はたして正解なのだろうか？」と疑い、ジャッジする。

それが、先の見えない大海原で舵取りをする者に向けるべき態度なのでしょうか。

こんなことに時間を費やしていても、無駄になるだけです。

経営者の判断を信じて、全力で取り組み、その選択を「正解」にしていく。

これこそが、同じ船に乗った仲間として求められる作法です。

「無茶」に応えるのも立派なスキル

どんな無茶を言われても、経営者にキレたらそこで終わりです。

独自の情報や長年の経験などによって、経営者は直感的に指示を出します。

その背景を1から10まで丁寧に説明してはくれません。

指示を受ける側からすると「指示の意味や意図がよくわからない」という場合もあります。

そのうえ朝令暮改ばかり繰り返されて、さすがに頭にくることもあります。

「経営者の考え方に納得できませんでした」

面談をしていても、こんな愚痴を言ってくる人は少なくありません。


ですが経営者の不満を吐き出すような人は、**「他責思考」と言わざるを得ません。**

転職活動をしても、転職理由でそんな愚痴を吐けば面接官には見抜かれます。

「この人、すぐに諦めて何もしていないな」と。


最近では選考の一環でレファレンスチェックをおこなう企業も増えました。

選考をおこなっている企業が、応募者の職場の上司などに話を伺い、実績や勤務状況に偽りがないかを確認したり働きぶりを聞いたりすることです。

そこで「あの人は仕事ができて信頼できる」という評判があるかどうかがとても大事です。

社内で不満を吐いてばかりいた場合、そういった姿も伝えられてしまうでしょう。

Episode

怒りを力に変えた1年目

じつは私も、上司にキレそうになったことが何度もあります。

たとえばインテリジェンス1年目のときのこと。

生意気だった私は、自分たちにも先輩たちと同じように候補者に直接アプローチする権限を持たせてくれれば、先輩たちより結果を出せると感じていました。

そこで、新人だけのチームをつくらせてもらえるよう社内に提案をしました。

結果としてチームはつくられませんでしたが、その後、組織が改編され、希望していた権限は持たせてもらえました。

ですが、新組織になってから最初の2ヶ月間は結果が出ず……。

「お前、口だけじゃないか！」と、上司に罵倒されました。

担当役員に直談判してまで組織を変えようとしていた私に、当時の上司たちはきっと不満を持っていたのだと思います。

私はキレそうになりましたが、グッとこらえました。

そして、精一杯の努力をした結果、3ヶ月目以降は圧倒的な結果が出て、批判もなくなりました。

怒りは口に出すのではなく、原動力に変えたほうがいい。

そう学んだ、大切な経験です。


人材の流動性が高い業界では同業他社とのつながりも濃くなりますから、風の噂でいろんな情報が共有されます。

「A社のBさん、社長と喧嘩したらしいよ」

こんなふうに悪い評判が出回ると、キャリア形成においても障害となります。

不満は内にしまいこんで、表面上は素直に仕事を受ける。

たとえ朝令暮改にうんざりしていても、これを心がけましょう。

仕事なんて結局は「なんとかする」こと

そもそも、**どんな状況でも、どうにかして結果を出せないか試行錯誤するのが仕**

事というものです。


「納期まであと2日なのに、社長の意見でデザインが変わった」

「やったこともないのに、新商品のLP開発をいきなり命じられた」

「プロモーション担当なのに、SNSで採用募集もしてくれと頼まれた」

ベンチャーでは、こんな無茶は日常茶飯事です。

これらの無理難題をなんとかこなしていく「調整力」は、とても大事なスキルです。

Episode

入社4年目で受けた「無茶振り」

インテリジェンス時代、経営者である宇野さんから、ある仕事を「無茶振り」されたことがあります。

それは人事部に異動してまだ間もない頃でした。

自社のユーザーにアンケートをとった結果、土日にもキャリア相談に対応してほしいとの要望が多く見られました。

皆さん平日はお勤めされていますから、それも当然です。

当時のインテリジェンスは土日休みでしたが、ユーザーファーストの精神から、個人のキャリア相談に乗るコンサルタントは土日も出勤するシフト制にすると、宇野さんは決断しました。

その決定をみんなに納得してもらうようにと、人事部に所属していた私に「無茶振り」されました。

「土日休みという条件で採用しているのだから、そんな無理を言われても……」

みんなが怒ることは確実でしたから、私は愕然としました。

結果としては、調査会社を活用して、自社のユーザー以外にも土日に相談したい人は多いと示し、「それがユーザーの希望である」「土日にも相談可能となればユーザーも増えるだろう」と伝えて、シフト制に納得してもらいました。

無事に切り抜けられたからよかったものの、入社4年目の人間にこんな無茶を丸投げするのかと、ベンチャーの怖さを思い知った経験です。

すべての仕事は、結局は「なんとかする」ことです。

たとえ予定と違ったとしても、辻褄《つじつま》を合わせて、良い感じにまとめる。

この力を、頭の良い人ほど軽視していたりします。

「緻密な調査をおこない、確度の高い計画を立てて、詳細なスケジュールをつくって慎重に進めれば、締め切り間際で慌てないのに。これこそ仕事ができる人だ」

社内の慌ただしい人の様子を見て、こんな正論を吐いたりします。

当然正しくはありますが、これは理想論です。

お利口なやり方では、日々、予想外なことが起きるベンチャーの世界では通用しません。

社長の無茶振りを打ち返して、最終的には良い感じに仕上げる。

そんな調整力こそ、結果を出すためにもっとも求められる能力なのです。

「正解」がわからなくても「判断材料」は提示できる

ベンチャーで飛んでくる指示は曖昧なことが多いものです。

「今度この会社に商談に行くから、ちょっと調べておいてよ」とか。「何を調べればいいですか？」「もっと具体的に教えてください」と言ったところで、相手の頭の中にも答えはありません。

わからないから、あなたに丸投げしているのです。

ですがベンチャーにおいて、**経営者からの「丸投げ」は喜ぶべきことです。**社員数名の会社でなければ、経営者からの直接指示は信頼の証しだからです。ここでつべこべ言わずに、すぐに手を動かせる人が評価されます。

つまり**あなたが、経営者にとって何が必要か考えなくてはいけません。**

依頼者がどの粒度の内容や期間で報告してほしいかなどわからない場合。仕事ができる人は、すべての作業を終える前に、いったん見せられる形で簡単にまとめて報告し、方向性が間違っていたら修正してもらうようにします。「自分が何を求めているか」がわかっていない人も、**何かを見せられて「それが望んでいるものかどうか」は感覚的に判断できます。**

とにかく「目に見える形」で見せてフィードバックをもらうのがポイントです。

反対に、いつまでも調べているばかりで、時間だけをかけてしまってはいけません。

ベンチャーでは0点です。

「準備にばかり時間かけてないで、早く動いてよ」と言われて、評価が下がります。

依頼者が求めているのは100点の報告ではないのです。

と言いますか、**相手自身も100点の報告がなんなのかわかっていません。**

そのための判断材料となる叩き台を、あなたがつくるのです。

ですからすぐに着手して、30点でいいから早く形にして見せることが大切です。

全部決まっていないと行動できないようでは、評価されるのは難しいでしょう。

振り回されても、他者を振り回すな

ときには経営者や上司の指示が微妙だなと思うこともあるでしょう。
「そんなことやって、意味ある?」と。
結果が出なかったら責任をとるのは自分だよなと、不安になることもあります。
そんなとき、**「どうせすぐに忘れるだろう」と、指示を放置する人もいます。**
ですが忙しい経営者といえども、そこまで甘くはありません。
指示に従わない不要な社員だと思われて、異動させられたり、窓際に追いやられたりということはよくあります。

また、**「それはやめたほうがいいのでは……」と否定しても意味がありません。**

「やってもいないのにネガティブに考えるな」と言われて終わりでしょう。

依頼を受けたその場ですぐに否定すると、経営者や上司には「こいつは思いつきで話をしている」「仕事を増やされるのが嫌なだけだろう」と思われてしまいます。

受け入れてもらいやすい「自論」の出し方

「社長に指示された内容より、こっちのほうがいいと思うんだけどな」

こんなモヤモヤを抱いたとき。

結果を出す人は、真っ向から自論をぶつけません。

「反対意見」ではなく、相手の意向をふまえた「別案」として提案します。

ポイントは「指示のとおりやってみた結果、こう考えた」と伝えることです。

いったん相手の意向を受け入れ、それを一部でもいいから取り入れた別案なら、話を聞いてもらえることが多いのです。

どういうわけか経営者や上司とは、**一部でも「自分で考えたこと」なら受け入れやすい生き物だったりします。**

それが実際には部下が考えたものだったとしてもです。

「あの会議で◯◯さんからいただいた指示をもとに考えたものです」

こんなふうに一言でも経営者や上司を立てておくと、話が進みやすくなります。

「なんだよ、社内なのに営業みたいだな」

そう思う人もいるかもしれませんが、まさにそうです。

経営者や管理職の裁量が大きいベンチャーにおいて、**社内営業はかなり大事です。**

けっして疎かにしてはいけない立派な「ビジネススキル」です。

「振り回されそうだな」と思ったときにできること

経営者の朝令暮改には、全力で振り回されにいきましょう。

その一方で、**あなたが他者を振り回すのはいけません。**

経営者の心変わりによって予期せぬ変更や中断があった際、自分ひとりの徒労で終わるのであれば、自分が怒りをグッと飲み込めばすみます。

問題は、すでに他の人を動かしてしまっていた場合です。

社内の人であれば、まだ頭を下げれば許してもらえるかもしれません。

ですが社外の協力会社や下請け会社などにすでに作業を進めてもらっていた場合、先方もタダ働きというわけにはいきませんから稼働時間分の料金は当然請求してきます。

その請求を上司や経営者に上げて、「え、何これ？」「もう発注しちゃってたの？」

と、怒られてしまうこともあります。

「プロジェクトが変更になったんだから、お金なんて払えないよ」と言われて、取引先との間で板挟みになることも。

外部のパートナーを軽視する組織体質が根本的な問題ではありますが、そうは言っても逆らうのは簡単ではありません。

こういったリスクを少しでも抑えるために、**指示された仕事に他者を巻き込むのは少し待ってからにしましょう。**

経営者や上司から指示を受け、なんとなく「また意見が変わりそうだな」「まだ土台が固まっていないな」と感じたときは、まずは自分だけで進めてください。

「とりあえずデザインつくっちゃってよ」などと言われても、社外のデザイナーに依頼する前に、いったん自分でできるかぎりラフデザインをつくってみます。

当然クオリティは低いでしょうから、経営者に見せたところで「これじゃわからないよ」などと言われるかもしれません。

ですがそのラフを見て「でも、このレイアウトだとちょっと違和感があるかもね」「ちょっと情報量が多かったかもね」など、考え直すこともあります。

こうして土台が固まってから、社内、社外の人を巻き込むという順番が安心です。

自分の「評判」は自分で守ろう

自社の経営者を尊重するあまりに、社外の関係者に対して横暴になる人がいます。

「社長がこう言うんだから、仕方ないじゃないですか」

「対応してくれないと困ります」

「私だって、社長の気まぐれには困惑しているんです」

たしかに、ベンチャーにおける真の顧客は「経営者」だとお伝えしました。

ですが消費者やユーザー、協力会社などを軽視しろということではありません。

これでは、完全な他責思考です。

被害者ヅラをされたところで、外部企業としては「それはそっちの都合でしょう」と思うだけです。


外部企業をあまりに振り回すと、「どうせあの会社は正式発注しないだろう」と恨まれたり、「あの会社は組織としてダメだ」と思われたりしてしまいます。

会社への評価が下がるだけならまだしも、「あの担当者はいつも社長に振り回されてばかりで使えない」と、**あなた自身がダメな社員という烙印を押されてしまうことも。**

そうなると今後の仕事にも影響したり、その評判が業界界隈で広まって転職がしづらくなったりすることも起こり得ます。


ましてや今はＳＮＳがある時代。

「Ａ社の担当者が、あとから急に決定事項を覆してきた！」みたいな投稿は日々目に入ります。悪いのは現場を振り回している上司や経営者なのかもしれないのに……。

こうならないよう、自己防衛しなくてはいけません。

社内の事情をよくわかってくれている会社や、関係値や実績があるパートナー企業であっても、厚意に甘えてばかりいると相手は「搾取されている」と感じ、いつの間にか離れていきます。

まずは自分の手を動かして、大枠が固まってから外部に依頼する。

振り回したときは、相手が困っていることがないか、助けになれることがないかを聞いて、応えるようにする。

そんな気遣いも大事です。

Episode

身を守るのがうまかったマネージャー

社長が言うことをなんでも聞く。社長の前では全面的に賛成する。

でも、それによって自分の評判は下げない。

知り合いに、これがとても上手な人がいました。

たとえば、その人が勤めている会社の成長率が下がった際に、経営者が昇給率を下げる決定をしました。

当然、その決断には素直に従いますが、問題なのは、自分の部下たちにその事実を伝えなければいけないことです。

「頑張っているのに、なぜなのか？」と反発にあいますし、「社長の言いなりになりやがって」と、マネージャーである自分の評価も下がるかもしれません。

そこで、私の知り合いは、伝え方にある工夫をしました。

たとえば昇給率が半分になるのであれば、メンバーにはいったん「3分の1に下がる」と伝えます。

そのうえで、「これはあまりにも酷い。俺が社長に交渉してみるから、誰にも言うなよ」と言っておき、時機を見て「昇給率が前回の半分までには上がるよう交渉したぞ！」みたいなことを言うのです。

メンバーに真相がバレたら信頼をなくしますが、経営者の判断がスムーズに実行され、自身の評判も下げないように調整をすることも必要なのだと感じました。

期待に「応える」と「超える」の違い

「なるはやで頼むよ」

経営者や上司が部下に対して使うキラーフレーズです。

「なるべく早く」でお願いする、要するに今のあらゆる業務よりも、この依頼を優先してほしいという意味です。

こういう無茶振りも、**若いうちはできるだけ引き受けたほうがいいとは思います。**受けきれないくらい仕事を受けて、初めて自分の許容量がわかってくるからです。

とはいえ、**なんでも「なるはや」で受けていたらパンクしてしまいます。**

ベンチャーは仕事がいくらでも湧いてくる環境です。

責任感の強さから、とっくに限界を迎えているのに言い出せず、無理を続けているうちに会社に行けなくなってしまったという人もいます。

これでは結果を出すどころか、本人と会社、両者にとって大きな損失になります。

仕事の「優先順位」を自分で決めない

仕事で結果を出す人は、安請け合いをしません。

依頼者が求めているのは「良い結果を出すこと」であって「とりあえず引き受ける」ことではないとわかっているからです。

そのため、**今抱えている仕事の状況を踏まえて適度に抵抗します。**

たとえば「3日もらえればできます」と、可能なラインを示す。

他の仕事を説明して「この仕事の優先順位を変えればできますが、どうしましょうか」と判断を仰ぐなどします。

ポイントは、**相手に判断を委ねることです**。

すると相手の脳内にも別の選択肢が浮かびます。

「そんなに忙しいなら他の人に頼もう」

「3日後に仕上げてもらえるなら、それでもいいか」

「その仕事よりもこちらの仕事を優先してほしいから、今やっている仕事の依頼者に相談してみよう」

調整まであなたが引き受ける必要はありません。

仕事の依頼者に**「適切に仕事を割り振る」という仕事をちゃんとさせるんです**。

「これ、やる意味あるんですか」と返すのは、反論です。

ですが「こうすればできますが、どうでしょう？」と返すのは対話です。

経営者から指示を受けたらとりあえず行動しましょうと伝えましたが、自分を犠牲にしろということではありません。

「私が無理をすれば、なんとかなるかな?」

そう考えてしまいがちですが、選択肢はそれだけではないのです。

「期限ギリギリ」で仕上げて許されるのは学生まで

仕事を受けると決めたら、締め切りは確実に守りましょう。

対応可能なラインを自ら示しておいて、守れない。それは最悪です。

そんな人は「仕事のヨミが甘い」「考えが浅い」「自分の力量がわかっていない」という評価を受けるだけです。


くわえて、**ただ間に合わせるだけでも不十分です。**

皆さんは学生時代、夏休みの宿題をいつやるタイプでしたか?

初日に立てた計画のとおりに進めるタイプ、最後の1週間に家に缶詰めになってやるタイプ、日記もまとめて全部最終日にやるタイプなど、さまざまでしょう。

最終的に提出できればいいわけですから進め方は自由だったかと思います。

ですが、**宿題を締め切りギリギリにやって許されるのは学生までです。**

ビジネスにおいては間に合わせるだけでは評価されません。

ベンチャーで結果を出す人は、締め切りを守るのは当然で、そのうえで期待に応える、期待を超えるクオリティに仕上げる努力をします。

理想は、**締め切りの数日前に8割ほどは完了しておくことです。**

そのタイミングで依頼者にフィードバックをもらい、それも踏まえて残りの期間で求められているクオリティまで仕上げていきます。

Episode

ベンチャーの仕事に「ゴール」はない

インテリジェンスの現場時代、私は過去最高記録を月末の締め日の4日前に達成したことがあります。

ただ、それで納得するような会社ではありませんでした。

「チームのために、さらに頼む」と言われました。

そしてなぜか、「達成できないなら、お前を売るぞ（顧客側に転職せよという意味）」と脅されました。

冗談だったとは思いますが、私は必死になって数字を積み上げて、締め日ギリギリで達成しました。

締め切り前に10割を達成したら、12割、13割を求められる。

それがベンチャーなのだなと、実感しました。


数日前から着手して、丁寧に仕上げた仕事なのか。

それとも締め切り前日に徹夜して仕上げた仕事なのか。

見る人が見れば、仕事のクオリティは明らかにわかります。

「ギリギリで間に合わせたな」と思われたら確実に信用を失います。

たとえ同じ結果でも、期待にただ応えようとしたのか、超えようとしたのかで、評価はガラリと変わる。

このことは肝に銘じておいてください。

結果を出すために「評価」を手にする

ベンチャーに入社すると、なんでも自由に発言できると勘違いする人もいます。

まさに私が、そんな勘違い野郎でした。

「上司に媚びなんて売ったってしょうがない」

「社内の評価なんて気にならない」

「お客様は自分を評価してくれている」

こんな生意気な人間だったのです。

そのためインテリジェンス時代の私は、経営者にも平気で楯突《たてつ》く「空気の読めない人物」だと思われていたようです。

退職してから幹部の人に言われたので、実際にそうだったのでしょう。

自分では組織に順応していたと思っていたわけですから、この無自覚たるや……恥ずかしいかぎりです。

きっと私のレファレンスはボロボロだったのではと思います。

たしかに仕事は結果が大事です。それは言うまでもありません。

ですが組織人たるもの、「結果だけ出せばなんでもいい」ではダメなんです。

結果を出しつつ、**上司や関係各所からの評価も上がるように調整していくことが大事です。**

これが、私も若いときにはわかりませんでした。

「過去の信頼」が、今の自分を守ってくれる

仕事とは信頼の積み上げです。
言われたことをしっかりこなす。締め切りをちゃんと守る。
そうすると相手からの信頼も厚くなります。

反対に、何か頼むたびに毎回反論してくる人。
いつもギリギリになってから着手して納得できるクオリティにできない人。
依頼する側も「今回は大丈夫かな?」と不安になってしまう人。
そんな人は社内、社外を問わず、信頼されるわけがありません。

イソップ寓話の『オオカミ少年』の話がありますよね。
「オオカミが来た」と何度も嘘をついていた少年は、本当にオオカミが来たときに

誰からも信じてもらえませんでした。

つまり**過去の信頼が、人の評価をつくります。**

Episode

なぜ短気な経営者はミスをした社員を許したのか?

私が深く関与していたベンチャーでの話です。

東大を主席で卒業し、仕事が正確でオペレーション力があり、大量の仕事でも回せる人がいました。

そんな彼があるとき仕事でミスをして、案件を飛ばしてしまうことがありました。

経営者はとても短気で顧客志向の方でしたので、私は「ああ、これはかなり怒られるだろうな」と、ヒヤヒヤしていました。

ですがその経営者は、社内に向けて冷静にこう言いました。

「彼でもミスしてしまうんだから、これは会社としての仕組みが悪い。課題を分析し直して、体制を変えよう」

彼は普段から期限ギリギリにやるようなタイプではなく、仕事にスピードも正確性もある社員だったので、その彼でもできないのであれば仕組みのほうに問題があると社長は考え直したわけです。
彼がこれまでに積み上げてきた信頼が、彼を救ったのです。
他の人が同じミスをしていたら、おそらく怒鳴られていたことでしょう。

人は相手の「今」を見て判断するのではなく、「過去」を見て判断します。
無茶な仕事にも応えて築き上げた信頼は、必ず自分を守ってくれます。

評価を得た先により大きな「結果」がある

とある会社に、目の前の顧客を大事にする営業がいました。
ときには、上司が出してくる会社都合の指示を無視することも。
彼にとっては顧客から感謝されることが何よりもの喜びでした。
その彼には、同じく営業をしている同期の男性がいました。
その同期は、上司の指示を従順にこなし、上から可愛がられていました。

彼はその同期のことを、心のどこかで見下していたようでした。

ですが入社から数年経った今、その同期は順調に出世し、仕事の規模は広がり、大きな結果を出すように。関わる顧客も増え、多くの人から感謝されています。

一方で、例の彼は現場担当のままです。そして日々、後輩たちを率いて飲み会をしては、「会社の言いなりになるやつなんてダメだ」と、息巻いているそうです。


ビジネスの世界で自己評価は意味がありません。他者評価がすべてです。

そして組織の中では、経営者から評価されないと会社に残れません。

たとえあなたの意見が正しくとも、無理に主張して相手の心証を悪くすれば評価は下がります。そして重要な案件から外され、結果も出せなくなります。


自己評価にしがみついて、いつまでも小さな結果しか出せない人。

他者からしっかり評価され、大きな結果を出す機会を与えられる人。

あなたは、どちらの人になりたいでしょうか。

結果を捨てて、評価を取りにいくのではありません。

より大きな仕事をして大きな結果を出すために、評価を得るのです。

経営者が次々に無茶振りをしてくるのなら、その無茶の上をいくのです。

すべて受けつつ、期待以上のクオリティで、納期よりも早く提出する。

そのレベルに達することで経営者に信頼され、「こいつにはもっと任せてみよう」と、裁量のある仕事も振られるようになります。

経営者の指示には、何がなんでも食らいつく。

これがベンチャーで結果を出すための「指示対応」の作法です。

一方で、自分ひとりでは受け止めきれないこともあるでしょう。

経営者というファーストペンギンだけでは仕事が進まないように、あなたというセカンドペンギンひとりでも、大きな仕事は遂行できません。

大きな結果を出すには、群れを動かし、協力を得る必要があります。

次の章では、そのための作法をお伝えします。

第 4 章

他者への期待を捨て去る

――「連帯形成」の作法

「頼まれたことを、やらないほうが悪い」

当たり前のように思えるが、本当だろうか？

引き受けたことはしっかりこなすべき。
できなかったときは、当然その人が悪い。
それで何かあったら、やらなかった人のせい。
自分の仕事をまっとうする優秀な人ほど、こう考える。

だが、他人に期待してはいけない。
協力してもらいたければ、
そのための関係性を自らつくらなくてはいけない。

この章では、ベンチャーで結果を出すために必要な
「連帯感」のつくり方をお伝えしよう。

「人を動かせる人」が本当に優秀な人

ベンチャーに入社した人がぶち当たる壁があります。

「**頼んだ仕事をやってもらえなかった**」

これです。

分業が徹底されている大手企業とは違って、ベンチャーでは部署を超えてチームを組んで連携していくことも多々あります。

前章の最後で触れたように、大きな結果を出すには仲間の協力が欠かせません。

ここまで、「自分で動く」ことの大切さを伝えてきました。

ですが**「人を動かす」ことこそ、もっとも難しい仕事です。**

「言ったことはやってもらえる」と思ってはいけない

次のようなシーンを挙げれば、思い当たる人もいるのではないでしょうか。

「他部署に資料の作成をお願いしたが、締め切り当日になって確認すると、忙しくて着手できなかったと言われた」

「営業部に販売データの共有をお願いしたが、数週間経っても返事がなく、確認したところ業務を忘れられていた」

「部署横断プロジェクトを立ち上げたが、各部署から参画したメンバーにやる気が見られない」

大手企業であれば、こういうことはあまり起きません。

他部署からの依頼は管理職を通して正式に受託され、現場に下りるからです。

放置したりすれば自分の評価が下がるため、しっかりこなす意識が働きます。

その仕事をする時間が確保できるよう、管理職は他の仕事を他のメンバーに振るなどの調整もしてくれます。


一方ベンチャーでは、部署を越えて現場の人同士で仕事を頼み合ったりします。

ですがもちろん、自部署の担当業務のほうが優先度は高いため、**優先度の低い他部署の仕事は簡単に放置されます。**みんな忙しいですからね。

そんな状態でも、評価が下がることはそれほどありません。

本業をしっかりこなして、そこで結果を出していれば問題ないからです。

「頼んだ仕事をちゃんとやってくれない」が多発するのは、このためです。


だから、**「言えばやってもらえる」という希望は捨てましょう。**

ベンチャーで人を巻き込んで仕事を進めることは、簡単ではないのです。

意外と「ぬるま湯」なベンチャーが多い理由

ベンチャーのなかには、意外と「ぬるま湯」な会社も少なくありません。

たとえベンチャーでも、今は社員に無理をさせられない時代です。

最近では企業の口コミサイト（オープンワークなど）やGoogleマップの投稿欄などに掲載された評価コメントを見て、企業を判断する人も増えています。

上場するとなれば監査法人が入るので、コンプライアンスの遵守が求められます。

そういった背景があるため、今ではめちゃくちゃな働き方をしている人や会社は、以前ほどは見受けられなくなりました。

経営者はハードワーカーでも、社員にはそういった働き方を強要しない（というより、できない）**「クリーン」で「ホワイト」なベンチャーが増えているのです。**

もちろん成長し続けているベンチャーを見ると、仕事にかなりの時間を費やしている企業もたまにはありますが、すべてのベンチャーが「バリバリ働いている」という認識は過去のものになりました。

それに仕事ができないからといってすぐにクビになったり左遷されたりするかというと、案外そうでもありません。

今は採用難の時代。どれほど仕事ができなくても、**会社に損害を与えるなどでなければ「いないよりはマシ」だからです。**

たとえベンチャーであっても、仕事ができない、頑張ろうとしない社員を無下にするような余裕はないのです。

「動かない人」を動かしていく

創業当初からいる古参社員であっても、お世辞にも「仕事ができる」とは言えない場合もあります。

ビジネスのアイデアや仕組みが斬新で魅力的なほど、創業黎明期というのはいわゆるマンパワーによって業績は上がっていきます。

創業社長に言われたことをとにかくやる、すぐにやる、たくさんやる。

個人の能力が低くても、手数をひたすら増やすだけでうまくいったりするのです。

そして、他社から移ってきた人たちが社内を見て思うわけです。

「よくこれで、この会社はここまで成長してこれたな」と。

それくらい、社員の能力が低いと感じることもあります。

極端な例のようですが意外とよくあるケースです。

服装や出社時間、働く場所も自由だったりするベンチャーも少なくありません。

そういった「ゆるさ」が、働く意識の「ぬるさ」を誘発することもあります。

「経営者は最低でも3人分は仕事をしている」

とあるベンチャーの経営者から聞いた言葉です。

それほどまでに、任せられる優秀な社員がいないのです。


自社を見て思い当たる節がある人は、他人事《ひとごと》でいてはいけません。

社員の能力やモチベーションが低くて困るのは経営者だけではないからです。

仲間たちの協力を得られないことは、あなたの仕事の結果も左右します。

「○○さんがやってくれなかったから間に合いませんでした」なんて言い訳は通用しません。


他人が動いてくれるのを期待してはいけません。

仕事ができない人や、すぐに動いてくれない人、言ったことをやってくれない人。

そんな人たちをも巻き込み、動かしていける人だけが、結果を出せるのです。

「助けてもらえる人」がやっていること

「ベンチャーでバリバリ働いて結果を出したい！」

「過酷な環境で自分を磨いて成長したい！」

そんな思いを持ってベンチャーに入社した人がいたとしたら、それはもしかしたら少数派かもしれません。

ベンチャーといえども**主体的に働いている人はとても少ないからです。**

「友人が勤めていてリファラルで声がかかったから」

「転職サイトに登録していたらスカウトメールが来たから」

ベンチャーへの転職支援で面談をしていると、こんな受け身の転職理由をいくつも聞きます。

「誘われた」ことはきっかけにすぎません。

本来であれば、そこから主体的に考え、そのうえで「この会社で働きたい」という意思を持って決断しなくてはいけませんが、そうではない人も多いのです。

ベンチャーといえども成果や成長へのモチベーションが高い人ばかりではなく、**「誘われたから来た」といった受け身の理由で入社し、働いている人もいる。**

この事実を受け止めたうえで、そんな人たちをも「巻き込んで」仕事を進めていかなくてはいけません。

「優秀」だからといって人がついてくるとはかぎらない

ベンチャーは結果がすべての世界です。

そのため、なかには「**結果を出している自分が偉い」と勘違いして、同僚や他部署の人を、まるで部下かのように扱う人もいます。**

「忙しくて時間が取れないから、資料づくりやってもらっていい？」

「今度の商談で必要だから、販売データをまとめてもらえる？」

「大事な取引先との商談だから、こっちの作業を優先してください」

「**自分がみんなのために成果を上げているのだから、それくらいやってもらって当然だろう**」という態度で、仕事を投げてきます。

実績がすべて、結果がすべて。結果を出した人が偉い。

インテリジェンスで働いていた頃の私もそう思っていました。

そして結果を出した実力者の言うことに、他の人は従うべきだとも。

ですが無理やり指示したところで、他者が動いてくれるとはかぎりません。

むしろ反感を買い、**社内で孤立する可能性さえあります**。


「ブリリアントジャーク」という言葉をご存じでしょうか。

優秀だけど、組織をかき乱す可能性がある人を指す言葉です。

要するに「**有能だけど、協調性がないやつ**」です。

「Netflix」の社内で使われていた言葉で、同社は「ブリリアントジャークには居場所はない」と、自社の理念で明言しています。


優秀だからといって他者に仕事を押し付けるような「協調性がない人」は、ベンチャーには不要なのです。

人をただ動かすのでなく、「**気持ちよく動いてもらう**」ことが大切です。

「助けてもらえる人」に共通する たった1つの特徴

では、どのような人が部下や同僚を巻き込んで動かせるのでしょう。

「あの人はいいやつだ」と思われるような愛嬌があることは前提として、大切なのは、**まずは自分から他者を助けることです。**

採用支援サービスを展開するベンチャー「ビズリーチ」を創業した南壮一郎さんに、成功するうえでどんなことを心がけているのか質問したことがあります。

そのときに彼はこう言いました。

「やっていただいたこと以上のことを返そう。そう思って行動してきた」

助けられた人は、きっといつかその恩を返してくれます。

これまでに協力してくれた人が頭を下げてお願いしてきたら、何がなんでも協力してあげようとなります。

「情けは人の為ならず」という言葉もあります。

人に動いてもらいたいと思うなら、まずはあなたが人のために動きましょう。

「助けたい」と思われる人というのは、そのもっと何倍も何十倍も、他者にギブしてきた人なのです。

「人の手を借りたら負け」と思っている人たちへ

そして差し伸べられた助けの手は、素直に受け入れましょう。

周りの人が「ひとりで大丈夫ですか?」「何か手伝いましょうか?」と提案してくれたとき、「いえ、大丈夫です」と突っぱねてしまうような人がいます。

そんな反応を示すと、周りも次から助けの手を差し伸べづらくなります。

助けを拒否してしまうのは、「自分ひとりでもうまくやれる」「自分のほうが周囲よりも優れている」といった心理があるからでしょう。

ですが助けの手を差し伸べられたのは、**周りからはあなたが「助けが必要に見えた」からです。**

自分ではできていると思っていても、客観的に見てそうなってはいないから「助けましょうか？」と言われているのです。

そこで突っぱねたら、ますます事態は悪化するばかりです。

その厚意は素直に受け止めたほうが、より良い結果につながるでしょう。

自分が求めたときだけ助けを得たいというのは、勝手です。

普段から他者の厚意を大事に受け入れるから、本当に困ったときにも救いの手を差し伸べてもらえるのです。

また、プライドが高いがゆえに他人を頼るのが下手な人もいます。

「人の手を借りたら負けだ」と思っているのでしょう。

主体性と向上心があってとてもいいのですが、**人を頼れない人は、自分ひとりの限界以上の大きな仕事はできなくなります。**

「人を頼ることは、自分が優秀ではないと認めることでもある」

それは思い込みです。

先ほどの南社長も含めて、**ビジネスで大きな結果を出してきた人は皆、多くの人から助けを得て、結果を出しています。**

自分のプライドなんかよりも、ビジネスの結果や成功を重視しているからです。

優秀な人ほど、人を頼るのがうまいものです。

そうやって、自分の実力以上の大きな結果を出していきます。

ですからプライドなんて捨てて、助けの手は素直に受け入れましょう。

プライドを捨てられる人にだけ、助けが集まります。

そして多くの人の協力を得て、大きな結果を出せるのです。

仕事を「任せる」ときにやってはいけないこと

助けの手を得るために必要な姿勢をお伝えしました。
ですが本当に難しいのは、**仕事を任せてからです。**
頼んだ仕事が放置されてしまうのではないか。
時間がないからといって、適当にこなされるだけにならないか。
思っていたのとは違う仕上がりになってしまうのではないか。

いろいろと気になってしまい、細かく注文をつける人がいます。

いわゆる**「マイクロマネジメント」**をしてしまいます。

その結果、「それなら自分でやってください」と、そっぽを向かれたりします。

人を信じて何かを任せるというのは、簡単なようで難しいのです。

「マイクロマネジメント」と「丸投げ」を使い分ける

個の主体性を重んじる現代社会では、マイクロマネジメントは嫌われがちです。

ですが、**何事も「使いよう」**です。

たしかに、仕事ができる人はマイクロマネジメントを好まない傾向にあります。

細かく口を挟まれると「信頼されていないのかな」「だったら自分でやってよ」と感じてしまいます。

とくに裁量のある仕事を求めてベンチャーに来た人や、前職で結果を出している人は、仕事の進め方にとやかく言われることを嫌います。

そういった優秀な人に仕事を頼む際は、細かいところまで口を挟むのはやめ、納期や仕様といった「必ず押さえてもらいたい点」や、仕上がりイメージを共有すれば問題ありません。

やり方などはある程度任せてしまうことをおすすめします。

一方で、**仕事がそれほどできない人や、結果が出せていない人には「丸投げ」ではいけません。**

「これ、やっといて」と丸投げして放置して、数字や進捗の管理だけをしていても、いつまで経ってもできるようにはならないからです。

自由にやらせていたら、あなたが振った仕事のクオリティは期待したハードルの下をくぐってくるでしょう。

何を、どのように、どんな手順で、どう実行すればいいのか。

具体的なアドバイスによるマイクロマネジメントが必要になります。

Episode

ダメマネージャーだった自分を救った「マイクロマネジメント」

私は人材エージェントの仕事を最初からあまり苦労なくできました。

ただ、これが問題でした。

誰でも、自分なりに考えてやれば結果が出ると思っていたんです。

1年目で結果を出した私は、2年目でチームを持たせてもらいました。私を含め4人の小さいチームでした。

ですが、私はろくに指示も出さず、「仕事にコミットすれば結果が出る」としか言えない、気合い論者でした。

当然、そんな指示でできるようになるわけがありませんから、結果は出ず。

売上の大半を私が稼いで、チームの目標を達成するような状況でした。

その結果、すぐにメンバーからは愛想を尽かされてしまいました。「高野さんの下では人が育たない」と、評価も地に落ちました。

毎日苦しくて、ストレスで髪が抜けていったのを覚えています。

ただ、そこから、仕事のポイントを整理して言語化や数値化するようになりました。

自分ができることを「他者でもできること」「自分しかできないこと」に分けて、他者でもできることは細かくマニュアル化して、マイクロマネジメントしていきました。

そしてパートナー企業であった外資系コンサル企業に協力してもらい、マニュアルをもとにデータベースやシステムを構築。当時は業界初だった自動マッチングの仕組みに昇華させました。

インテリジェンスのメンバーたちは仕事ができなかったわけではありませんが、相手や仕事の内容に合わせて「丸投げ」と「マイクロマネジメント」を使い分ける大切さを痛感した経験でした。

部下や後輩を「板挟み」にしない

ただしマイクロマネジメントで人を動かす際に気をつけたいのが、**「教えてあげる」という意識に縛られないことです。**

前職が大手企業や有名企業だったりして成功体験がある人は、「前の会社ではこうだった」と、自分のやり方を押し付けてしまうことが少なくありません。

仕事を振った相手が部下や若手社員だった場合はなおさらです。


ですが会社の指示とは違う方法を押し付けられた側は、戸惑います。

たとえばあなたが、イベント集客の仕事を部下に振ったとします。

部下はまだ経験が浅く、「100人集めろ！」と数字を掲げただけでは達成できないことは目に見えています。

そこであなたは、具体的な手段についても部下に指示しようと考えました。

まさにマイクロマネジメントです。


その会社ではこれまでDMのポスティングによる集客を主軸としてきましたが、あなたは前職でウェブマーケティングによる集客を経験していました。

そこで部下にも「**前職でお世話になっていたPR会社を紹介するからメール送っておいて**」と指示します。

ここで、部下はどう感じるでしょうか。

やったこともないうえに、これまでやってきたこととも違う。

勝手に行動して社長に怒られたらどうしよう。ちゃんと社長に了承を得ているのだろうか……と、不安を感じてしまいます。

あなたが良かれと思ってした行動が、**部下を、上司と経営者との板挟み状態にしてしまうのです。**

誰もが誰かの「師」となりうる

仕事とは当然ながら、それを長く実践してきた人のほうが詳しいものです。

たとえ自分が仕事を振る側であっても、部下の社歴のほうが長いのであれば、まずはこれまでのやり方をしっかりヒアリングしましょう。

「自分の経験のほうが優れている」という自意識を捨ててフラットな目線で向き合

い、必要なことは学び取るべきです。

「我以外皆我師」

『宮本武蔵』『三国志』などの小説を執筆した作家の吉川英治さんが座右の銘にしていた言葉です。

「我以外、皆、我が師なり」という意味です。

この言葉が示すように、自分以外のすべての人から学びがあります。

自分の成功体験がプラスになることもありますが、市場は日々変化しています。**過去の経験やプライドは捨てて、年下や部下からも学ぶことが大切です。**やり方を固持したり押し付けたりする時間があるなら、新しい環境や人から学びを得て、少しでも顧客や自社のために結果が出るように全力で動きましょう。

「手を尽くした」と周囲に感じてもらう意味

これは副次的な効果ではありますが、適切なマイクロマネジメントを徹底することで、**退職者が出てもマイナスなイメージが広がるのを防げます。**

ベンチャーは人材の流動性が高く、えてして退職者は多いものです。

たとえば能力や経験のない社員に丸投げしたり放置していたりして、その人が退職した場合、周囲はこう感じます。

「あの人、放置されたまま辞めてかわいそう」
「うちの会社って、人材の育成や教育ができないよね」

たとえ辞めた人の能力が低く、会社についていけないために退職したのであっても、周りの人から見ると「こんなに人が辞めるなんて、うちの会社、ヤバいのかも」と、あらぬ不安感情を煽ってしまいます。

優秀な人まで退職を考えるようになってしまっては、組織にとって大打撃です。

一方、日々丁寧にマイクロマネジメントをして、親身に指導していれば、周りの人も組織や上司がその人のためにどれだけやりきったかを見ています。

「上司はあの社員に適切に指導やアドバイスをしていた。あそこまでやったのにあの結果なら、辞めるのもしょうがないか」

周囲の社員はこう感じて、辞めた本人の能力や適性が原因だったと納得できます。

できない人は見放すのではなく、丁寧に寄り添ってあげる。

それによって、たとえ退職という結果につながってもネガティブな影響が広がらずにすむのです。

「知りたい」と思われる人になれ

チームで協力して大きな結果を出す「手段」として、関係性の構築は重要です。

第1章で「人間関係を目的にしてはいけない」とお伝えしましたが、あくまで働く目的にしてはいけないだけです。

適切に仕事を振り、チームとなって共に大きな仕事を成し遂げる。

その下地として、**良好な人間関係が結ばれているに越したことはありません。**

ですがここも、大きな悩みの種です。

ベンチャーといえども、良好な人間関係をつくるのは簡単ではないからです。

ビリヤード台や卓球台が置かれ、休憩時間などに皆でワイワイ楽しんでいる。

退社後は仲のいいメンバーと飲み歩いたり社内サークル活動に参加したりする。

週末もバーベキューなどのレクリエーションが頻繁に企画され、交流している。

全員20代などの会社であればあり得ますが、今の時代、**ベンチャーといえどもそれほど濃密な人間関係は構築されません**。

そのため、こんな悩みを抱えている人は少なくありません。

「部下や若手社員が心を開いてくれない」

「リモートワークも増えて、心身ともに距離を感じる」

「社内の人と交流する機会がなく、コミュニケーションを取れない」

仕事を振る立場にある人は、少なからず悩んだことがあるのではないでしょうか。

「頼めばやってくれるけど、本心では面倒に感じているのでは……」

疑心暗鬼になり、気まずさを感じてしまいます。

「プライベート」という名の絶対的な不可侵領域

ですがメンバーとの距離を縮めたいからと、**踏み込みすぎるのは要注意です。**

たとえばマネージャーがやりがちなのが、飲みニケーション。

一昔前のベンチャーであれば、深夜まで働いて会社に残ったメンバーで飲みに行き、そしてまた朝から仕事なんてことは日常茶飯事でした。

創業当初のハードワークは美学とされてきた背景もあります。

私はお酒が弱いので深夜から飲みに行く体力はありませんでしたが、月末に開かれる定期飲み会には参加していました。

しかし今は時代が変わりました。

ベンチャーとはいえ、**メンバーの勤務時間外（プライベート）への配慮、尊重が求められます。**

売上1兆円を超えるメガベンチャーに勤める方から、「金曜日の夜に部下を誘って飲むことは禁じられている」と聞いて驚いたことがあります。

罰則規定があるわけではないものの、部下を勤務時間外に拘束するな、ということのようです。成長し続けている企業には理由があるなと思いました。

コミュニケーションで相手との距離を縮めようとするときも要注意です。

たとえばオンライン会議で、**リモートワークしている相手の自宅の家具や内装について触れるのも、人によってはハラスメントととられます。**

趣味を聞くのも「プライベートを詮索されているようで嫌だ」と感じるそうです。

チャットやメッセンジャーで文末を「。」で締めると「マルハラ」と言われます。冷たく、そっけない印象を与えるのだとか……。

「アイスブレイクのネタにしただけなのに……」

「相手を理解しようとしているだけなのに……」

「普通に文章を書いただけなのに……」

そう思う気持ちもわかります。私も、そんなに問題なのだろうかと感じます。

ですが、**相手が嫌だと思ったらハラスメントなのです。**


今はなんでも記録が残る時代です。

そしてX（旧Twitter）などのSNSで瞬く間に拡散される時代。

ハラスメントをする人がいるような古い体質の会社だと思われてしまうと、企業の評価に悪影響が出るのはもちろん、優秀な人も集まらなくなります。

押すのがダメなら引けばよい

「そんなこと言っても、お互いを知ることは大事じゃないか」

それはごもっともです。

お互いを知ることでチーム感は高まり、巻き込むための土壌もできます。

でもそれは**お互いに「相手のことを知りたい」と思っている場合にかぎります。**

好きでもない人に言い寄られても、迷惑なだけですよね。

片方だけが一方的に距離を縮めようとしても逆効果なのです。


結果を出す人は、自ら無理に距離を縮めようとはしません。

相手から「距離を縮めたい」と思ってもらうための努力をします。

チームメンバーや他部署の人から興味を持ってもらい、良い関係性をつくりたいなら、**まずは自分の仕事で結果を出しましょう。**


その評判が伝われば、部下や後輩たちも、きっと「この人、気になるな」「仕事の相談をしてみたいな」と興味関心を持つようになります。

そうなってから、自己を開示し、相手のことも聞く。

これが理想的な「人間関係」構築の順序なのです。

「上を動かす」という最強のマネジメント

自分の仕事をやりきろうともせず、すぐに「手伝ってほしい」と、他人を頼る。
そんな人に救いの手は差し伸べられません。
裏を返せば、他者の協力を得るために必要なことは、わりとシンプルです。

自分の仕事に全力を尽くし、他者を助け、他者からの助けも受け入れる。

これだけです。
自分でできることを全力でやりきったうえで、さらに必要だから助けを求める。

この順序さえ守れば、仕事を他人任せにしているとは思われません。

周囲の人からは、おのずと助けの手が差し伸べられるようになるでしょう。

プロジェクトのメンバーが積極的に動いてくれたり、他部署の人も献身的にサポートしてくれたりして、ひとりでは成し得ない結果に向かっていけます。

「頑張っているあなたを応援したい」という気持ちが、そうさせるのです。

残念ながら「根回し」は令和でも必須のスキル

ただ、味方につけなくてはいけないのは同僚や部下だけではありません。

横や下だけでなく、上。

上司や経営者も巻き込む必要があります。

関係各所の人たちに話をして、それぞれの利害関係を調整する。

要するに「根回し」が欠かせません。

根回しなんて、意思決定者が多い大企業だけのものだろう。そう思うかもしれませんが、たとえ社員数の少ないベンチャーであっても、人と人が働いている以上、関係者の感情を調整することは大事です。

結果を出す人は根回しをしっかりおこなっています。

むしろベンチャーでこそ、根回しは必須と言えます。

仕事の規模や影響が大きく、業務に関わる人も多い大手企業では、さまざまな判断や選択において、明確な基準が設けられています。能力や感情によって意思決定がブレないよう、仕組み化されているのです。

一方でベンチャーは、判断の基準や根拠が属人的であったり、ブラックボックス化していたりします。

「そんな話は聞いていないから」「まだ若くて経験が浅いから」といった感情的な

理由で提案が通らなかったりします。

そのため、たとえば企画会議に出席する役員に事前に相談して、もらったアドバイスをふまえた提案をするとか。エレベーターで乗り合わせた経営者に話を振って事前に感触を確かめておくとか。

そういった根回しが必要なのです。

「仕事の質で評価してほしいんです！」

そう主張したくなる気持ちもわかりますが、意固地《いこじ》になっても時間と労力を無駄にするだけです。

事前に相談しておけばいいだけなのですから、**とっとと根回しして仕事を進めてしまったほうがラクです**。

そうやって場数を踏んでいけば、おのずと仕事の「質」が信頼され、根回しも不要になります。

根回しなんて言うと「古いな」「今の時代に合わないな」と思う人も多いかもしれませんが、いつの時代でも大事なビジネススキルなのです。

「ボスマネジメント」という最強の根回し

最強の根回しスキルがあります。

「**ボスマネジメント**」です。

経営者をうまく利用して、自分の目的を達成するのです。


「え？ マネジメントって上司が部下に対してするものですよね？」

そう思ったでしょうか。たしかにそのとおりです。

ですがベンチャーにおいて「**経営者の言葉」は最強のカードです。**

現場のマネージャーが判断を渋っていても、「経営者の言質《げんち》」があると伝えると「それなら……」と決裁がおりたりします。

たとえば、新しい広告戦略を提案するとします。

しかしマーケティング部のマネージャーとしては、失敗のリスクが気になる。費用と予測売上とを鑑みて、赤字になるのが怖くてなかなか決裁してくれません。

そこで、日報などにこう書いて、経営者に相談してみます。

「動画による広告を考えています。費用は◯円ほどかかりますが、うまくいけば拡散の可能性が見込めそうです。マーケティング部と相談してよいでしょうか？」

すると、「多少赤字になってもいいからやってみて」など返事がもらえるかもしれません。

これは、現場マネージャーと経営者では見ている未来の範囲が違うからです。

基本的に現場の人は、四半期や半年ごとの成果で評価を受けます。

ですから、たとえ小さな赤字でも避けたいと考えます。

一方で**経営者が見ているのは数年先、数十年先の未来です**。

たとえ最初はうまくいかなかったとしても、そこから学びを経て改善して、数年後には自社戦略の主力になる可能性があるなら初期の赤字など気にしません。

時代を読んだ結果、いつかはやらねばならないと考えていたりもします。

長いスパンで費用回収の目処《めど》を考えられるから、リスクを取れるのです。

大きな仕事をする際、現場でなかなか決裁がおりないのであれば、**いっそのこと経営者に相談して巻き込んでみましょう。**

経営者や上司の信頼を勝ち取り、意のままに動かす「マネジメント」ができる人は、会社全体を巻き込んで大きな結果を出せます。

あなたの提案に「上司の上司」はなんと言うか

とはいえ、これはイレギュラーなパターンです。

自分を飛び越えて経営者に相談されたことに不満を抱くマネージャーもいます。

理想は、直属のマネージャーから経営者に話を上げてもらい決裁を得ることです。

そのためにはマネージャーだけではなく、**その上、またその上の人あたりまでを**

意識して、何が求められているのかを想像して提案に盛り込むようにします。

あなたの評価をするのは上司ですが、その上司もまた、役員や経営者から評価を受けます。

ですから「**この提案を通すことが、あなたの評価にもつながりますよ**」と感じさせることで、上司をうまく動かせるのです。

あなたの提案を見た上司がどう感じるか想像してみてください。

提案の内容ではなく、その提案をさらに上に上げることをどう感じるかです。

「この企画、たしかに面白いけど、コストがかかる分、役員は反対するだろうな……。現場の手間も増えるし……。最近は社長もコストにうるさいしな……」

そんな反応が想像できるなら、コストを少し切り詰めたり、数年分の売上計画を立てて、期間を鑑みると初期コストは相殺《そうさい》できると提案に含めたりするとよいでしょう。

あなたの提案を見た上司が、そのまた上司に提案する際にそのまま使える「殺し文句」を授けてあげるイメージです。

あなたの提案は、上司のさらに上の上司にも評価してもらえる内容か。

自分の評価だけでなく、上司の評価も考えてあげるということです。

上司に貸しをつくるイメージですね。

こうやって視座を高めていくことが、「経営視点を持つ」ことでもあります。

「ギャップ」があるからコミュニケーションが生まれる

中年世代が若者と距離を縮めるハードルはとても高いとお伝えしました。

裏を返すと、もしあなたが20~30代で、上司や経営者が40~50代などであれば、**あなたのほうから歩み寄ってあげるだけで印象が大きく変わります。**

たとえば取引先との商談に同行して直帰する際に「仕事のアドバイスがほしい」と、こちらから飲みに誘ってみるとか。

ゴルフや野球に詳しくなってみるとか。

40～50代が好きそうなカラオケ曲をマスターしてみるとか。

きっと相手は、あなたが歩み寄ってきてくれたことを大いに喜ぶでしょう。


ベンチャーは世代ごとの人数が少ないため、おのずと「上下」の世代との交流が多くなります。

世代を超えた円滑なコミュニケーションなくしては、もはや仕事は回りません。

ですから結果を出す人は、**世代に関係なく良好なコミュニケーションを取る意欲と手段を持ち合わせています。**


それに、世代の差があり、知識や経験に違いがあるからこそ、「お互いの情報を共有し合う」ためのコミュニケーションが可能です。

若者の流行り。ＩＴやＳＮＳの使い方。最新のエンタメ情報……。

あなたしか知らない情報というものが、必ずあるはずです。

それをテーマに、上の世代とも積極的に交流してみてください。

あと、私もそうですが、自分より若い世代の人に興味を持たれて嫌な気持ちになる人はほぼいないと思います。

ハラスメントに思われるのが怖くて誘えないだけで、みんな本当は、もっと若い世代と交流したいはずです。

中年とは、けっこう寂しいものなんです。

経営者や上司とは世代が違うからと、「この人たちとはわかり合えないな」と突き放していては、成果を出すことも評価されることも叶いません。

思い出してください。

あらゆる組織は「ピラミッド」であり、上司や経営者に評価されるから、大きな仕事や裁量のある仕事を任せてもらえて結果につながるのです。

「自分勝手な人」になってはいけない

チームのメンバーや他部署の人を「巻き込む」大切さをお伝えしてきました。

ベンチャーが持つ最大の財産は「人」です。

さまざまな経歴や能力を持つ人たちの気持ちを高め、巻き込み、「力」を存分に発揮する。

それができれば、想像もつかないような面白いビジネスだって実現可能です。

ただし、仲間を巻き込む際に気をつけてほしいことがあります。

「巻き込んだ人を責めない」ということです。

巻き込んだ人に「責任」を押し付けない

何事も自責で考える。

社会人になったら誰でも一度は教わることです。

ですが多くの経営者や人事担当者と話していると、いかに「他責思考の人材」が多く、悩まされているかがわかります。


転職支援の面談をしているときも、そうです。

「今の会社の商品では競合他社に勝てないから」

「ビジネスモデルが弱いから」

「メンバーのスキルが低くて大きな仕事ができないから」

いかに他責の転職理由が多いことか。

社内のメンバーや他部署との共同プロジェクトが失敗したときにも、巻き込んだ人に責任を押し付けようとする人は少なくありません。

陰で「○○さんがあんまり動いてくれなかったんだよね」と愚痴ったり。

上司や経営者への報告で「この点はマーケティング部の○○さんの分析が弱かったと感じています」などと失敗の原因を誰かに押し付けたり。

世の中びっくりするくらい、自分が可愛いい、利己的な人が多いんです。

チームや組織で仕事をする以上、自分にいっさいの責任がないなんてことはありえません。

メンバーの仕事を見ていたはずですし、そこに意見したり指摘したりできたはずです。それをせず他者の仕事に頼った自分にも当然ながら責任があります。

それに、本当に自分がいっさい知らない要因や事情によってプロジェクトが失敗したとしたら、**なぜ自分にはその情報が届いていなかったのでしょう。**

それはきっと、信頼されていなかったからです。

メンバーからの信頼を得られなかった自分にも責任があると言えるでしょう。


他責思考のいちばんのデメリットは、そこで思考が終わってしまうことです。

何かに失敗したとき、**「あの人のせい」にして片付けることほど、ラクなことはありません。まさに思考停止。それで終わりです。**

そこから要因を探ったり、次に活かせることや改善点を考えたりすることもありません。何も学びを得られず、その労力や時間はすべて無駄になってしまいます。


「自分にも未熟な点がある」と認識することが、すべての学びの始まりです。

自己弁護の方法を考え抜くのは時間の無駄です。

「メンバーを選択した自分の責任」「任せた自分の責任」と言いきりましょう。

話を聞いた人が「それはあなたの責任ではないですよ」とフォローしたくなるくらいでちょうどいいのです。

劇薬となった「テイカー」は
やがてその姿を消す

「あの人、都合のいいときばかり連絡してくるよね」

「忙しいなか手伝ってあげてるのに、こっちがお願いしても何もしてくれないよね」

そんなふうに言われている人が、あなたの会社にもいないでしょうか。

このような人も短期ではそれなりに結果が出ますが、中長期では伸び悩みます。

他者から搾取してばかりの「テイカー」は、やがて協力者もいなくなり、チームの和を乱す人として重要なプロジェクトにも呼ばれなくなるからです。

他者を巻き込むのと同じくらい、他者に「巻き込まれる」ことも大事です。

人を助けるから、自分も助けてもらえます。誘いに巻き込まれてあげるから、相手もこちらのお願いに巻き込まれてくれるのです。

それに、巻き込まれた先に新たな出会いや成長が待っていることもあります。

Episode

巻き込まれた「大クレーム」で得たもの

インテリジェンスのクライアントに、とある家具屋さんがありました。

先代社長であるお父様が突然お亡くなりになり、外資系のコンサル会社出身の息子さんが若くして継ぐことになった会社でした。

あるとき、この2代目社長から大クレームを受けました。どうやら弊社が紹介した人材を採用したところ、その働きぶりに不満があったようです。

担当していたのは、私でも、私の部下でもありませんでしたが、あまりのクレームに誰も対応できず、役員から「高野が行ってきてくれ」と言われました。

「なんで私が?」と思いましたが、言われたとおりに訪問しました。

すると部屋に入るなり、机を蹴飛ばされて腹に直撃。電気が消されて、窓のブラインドも閉められ、こう言われました。

「日経新聞にも出ていて急成長してるインテリジェンスが経験者を紹介してきたから採用したんだ! でも、なんだあいつは! 全然ダメじゃないか。うちの役員は全員親父の代の人間で、みんな新社長(自分)はコンサル出身だかなんだか知らないけど、できないやつだと思ってる。これが俺の初仕事だったのに、どう責任取るんだ!」

その後も罵倒が続き、16時に訪問したのが、帰る頃には23時を過ぎていました。

当然、翌日も呼ばれ、その後も話し続けた結果、「もっといい人を紹介してほしい」となったため、次は私が真剣に人材を探してご紹介しました。

その方は無事、活躍をしてくれました。

それから数年後、私は人事部に異動し、現場を離れました。

そして起業を決め、退職の手続きをしていたところ、電話が鳴りました。

あの2代目社長からでした。

「高野さん元気？　起業するんだって？　私のこと覚えてますか？」

あんなに怒られたことはなかったので、忘れるはずがありません。

その社長は、続けてこう言いました。

「あのときはいろいろあったけど、君は絶対やる人だと思ってたよ。当時は自分も社長になったばかりで不安で、激怒してごめん。サラリーマンもいいけど会社をやるのもいいものだよ。大変なことがあったらいつでも連絡してきていいから」

そう言って、携帯の番号を教えてくれました。

当時、クレーム対応に巻き込まれた私は「貧乏くじを引いたな」と思いましたが、そのおかげで、思いがけない応援者を得たのです。

そもそも**「誘われない」という人は、かなり危険な状態です。**

「あの人に仕事をお願いすると、文句や批判が多い」

「トラブルが起きる可能性がある」

「責任を押し付けられるかもしれない」

仕事はたしかにできるけど、チームにとっては劇薬。

そんな「ブリリアントジャーク」になってしまっているのかもしれません。


率先して他者を救い、そして自分も他者から救われる人になる。

これがベンチャーで結果を出すための「連帯形成」の作法です。

他者に巻き込まれてさまざまな経験をし、そこで得た経験やつながりによって、他者を巻き込んで大きな結果を出すことが可能になるのです。


そのためには、人から仕事を振られたり、助けを求められたりするのを待つだけではいけません。ときには、自ら首を突っ込んでいくことも大切です。

次章では、そんな「仕事を取りにいく」ための作法をお伝えします。

第5章

落ちたボールを拾いにいけ

――「職務越境」の作法

「人の仕事に手や口を出してはいけない」

そう言われることがあるが、本当だろうか？

詳しくもないのに意見したら、
「余計なお世話だ」と言われるかもしれない。
自分は自分の仕事に専念すべきだ。
そう考えるのが普通だろう。

だが多くのベンチャーには、
誰もやっていない放置された仕事が存在している。
見て見ぬふりをすることは組織のためになるだろうか。

この章では、ベンチャーで結果を出すために必要な
「越境」の考え方をお伝えしよう。

「関係のない仕事」は組織に存在しない

社内で、こんな会話を聞いたことはないでしょうか？

「新プロジェクトの参考にする既存商品のデータ、もう整理できた？」

「え？　それ私の担当だっけ？　誰かがやると思ってた」

ベンチャーでは新しい仕事がつねに生まれてきます。

会社がつねに拡大を求め、新たな事業や手法をつくっていくためです。

当然、「これ、誰がやるの？」と、担当が決まっていない仕事も発生してきます。

こんなとき、**多くの人が「見て見ぬふり」をします。**

「きっと誰かがやってくれるだろう」と考えます。

みんな忙しく、余計な仕事を増やしたくないからです。

それは他の人たちも同じ。

そして、部署と部署、人と人の間に、**仕事というボールが落ちてしまいます。**

仕事で結果を出したいのであれば、部署や権限を越境してでも、上司に掛け合ってでも、**転がっているボール（仕事）を拾いにいきましょう。**

ボールを拾って結果につなげられる人が、評価され、出世していきます。

部署や人ごとの役割は大切ですが、意思のほうが大事です。

そして会社にとっては、結果のほうがもっと大事です。

誰でもいいから、やってくれればいいのです。

大事なことは、仕事と仕事、人と人の間に落ちています。

確実に拾い上げて、結果につなげていきましょう。

「自分の仕事」しかしない人は扱いに困る

大手企業からベンチャーに転職した人が、いちばん驚くことがあります。

業務範囲の広さです。

大手企業では、部署や担当ごとに業務が細分化されていますが、ベンチャーではひとりが複数の仕事、幅広い仕事をする必要があります。

ひとり二役どころか、**三役、四役が当たり前なのです。**

たとえば営業の仕事。

大手企業ではリード獲得、インサイドセールス、フィールドセールス、カスタマーサクセスと、担当部署が分かれていたりします。

一方ベンチャーでは、**それを全部ひとりでやらなくてはいけないことも。**

テレアポ、取引先個別の資料作成、見積もりの作成といったことはもちろん、新規開拓リストから自作しなくてはいけなかったりします。

インサイドセールスからパスされた企業に資料を持って伺えばよい、とはいかないのです。

入社早々に「では、どの企業に営業に行けばいいでしょう?」なんて聞いても、「自分で見つけてきてよ」と言われて終わりです。

Episode

なんでもやっていたインテリジェンス時代

私がインテリジェンスでしていた仕事は、新規開拓の法人営業でした。見つけてきた転職希望者と、人材を求めている企業をマッチングさせる仕事です。当時はまだ人材紹介業の認知度は低かったので、企業に営業電話をかけると「派遣はいらないよ!」とガチャ切りされることも多々ありました。

もちろん、私がしていたのは正社員の紹介業であり、派遣とは違うのですが、理解してくれない経営者もいました。

その頃は、自分の担当業務以外の仕事もたくさんしていました。

あるとき、債権回収をしに経営者の自宅を訪問したこともあります。

その経営者は有名な大手金融機関出身の方で、会社説明資料やオフィスなどもきちんとしていて、一般的にはかなり「イケてるベンチャー」に見えました。

経営者の身なりもパリッとしていて品が良く、言葉遣いも丁寧。ケチをつけるところのない方でしたから、入金がされていないとわかったときは驚きました。

電話をかけてもつながらない。オフィスに行ったら鍵がかかっていて、いくら待ってもやってこない。

そこであらゆる手段を使ってその方の自宅を突き止め、行ってみました。

すると会社にはお金がないはずなのに、ご本人はかなり立派なマンションに住んでいました。「未払いなのに、なんで……」と困惑しつつも、私はその経営者をなんとかつかまえて、ご自身の口座から支払っていただきました。

「それは私の仕事ではありません」

これはＮＧワードです。

融通の利かない自分勝手な人と思われて終わりです。


「私は契約を取ったのだから自分の役割はしっかりこなしている」

「債権回収は自分の担当ではない」

「回収できなければ担当部署が悪い」


こういった言い逃れをしたくなるときもあるでしょう。

ですがこれでは、他責思考です。


ベンチャーでは優秀な人ほど、いくつもの仕事を兼務しています。

あなたが出すべき結果は、自分の担当業務での結果だけではありません。

関わっているプロジェクト全体、そして組織全体の結果なのです。

たとえ自分の担当業務は完璧にこなしていたとしても、全体として見たら目標未達であれば、経営者からするとそのプロジェクトは失敗です。

ベンチャーで結果を出したいなら、**自分の担当ではない仕事にも当事者意識を持って関わり、フォローしなくてはならないのです。**

「仕事」だからではなく「必要」だからやる

むしろ、**「それもやっていいんですか!?」と思える人が評価されます。**

人の手が足りないから、社外から経験者を連れてきてチームを拡大したい。

プロモーションが弱いから、新しい代理店を探してみたい。

最近は動画コンテンツが主流だから、自社商品の動画広告をつくってみたい。

「自分の仕事だからやる」のではありません。

会社にとって必要だから、自分の仕事ではないけどやりたい。

そう考えて行動できる人が、ベンチャーで結果を出します。

抜けや漏れがあったり、役割分担が不明瞭だったりして、会社にとって必要な仕事が人と人の間に落ちて誰にも気づかれないということがあります。

その大切なボールに気づき、拾い続けることが大事です。

自分ができるなら、やる。

できないなら、上司に確認して誰かにパスする。

「ボールが落ちている」と伝えるだけでも、見て見ぬふりするより何倍もマシです。

自分ではなく**組織のために必要なことを考えて行動できる人が評価されるのです。**

曖昧な仕事はある意味で「チャンス」

日々発生する「新しい仕事」。

最初から完璧に要件定義されていたり、内容が具体的に指示されたりするなんてことは、ほぼありません。

どんな手順で進めるのか。

具体的に何をいつまでにやるのか。

担当が決まっていないだけでなく、「曖昧な仕事」が多数存在します。

ここで「なんだこの会社！」なんて思ってしまうのは、もったいない。こういった曖昧な仕事に対して不満を持ったり、指示が悪いせいにしたりしてはいけません。だいたいどの会社もそうですから、怒るだけ無駄です。

曖昧ということは、自分で考えていいということです。

つまり、**これこそ裁量のある仕事です**。

仕事を自由にアレンジして意見や能力をアピールするチャンスです。

曖昧な指示に対して主体的に提案し、判断が必要なこと、たとえば計画全体の納期や費用などは上司や経営者に指示を仰ぎます。

「このプロジェクトの目標は定量的には◯◯で、定性的には◯◯で、この達成のためには◯◯までに◯◯くらいの予算が追加で必要になり、結果はこのように出て、費用対効果はより向上します。また、別のプランB、Cも考えましたがどうでしょうか」

判断しやすい状況を報告したうえで、自分なりの仮説を伝えます。

言われたことは言われたとおりにやったうえで、言われていない部分で創意工夫を働かせる。

そうやって**自分なりの意見をアピールすることで、徐々に信頼を得ていけます。**

「お前なら、どうする？」

リクルート流のマネジメントがされている会社ではこの言葉が口癖になっていたりします。

こう尋ねてくれる「もうひとりの自分」を心の中に宿すことをおすすめします。

「採用」するのもあなたの仕事である

今の時代は、人が足りていない会社だらけでしょう。

とくにベンチャーでは、「この仕事、3人は必要だな」と思う仕事もひとりでやることになります。

そんなとき、社長に「人を増やしてほしい」と不満を吐いていないでしょうか。

採用担当者に「もっと採用に力を入れてくれ」と愚痴を言っていないでしょうか。


それでは失格です。

「誰かがやってくれる」なんてことは残念ながら起こり得ません。

人が足りないなら、あなたが連れてくるしかないのです。

「優秀な仲間」を あなたが見つけてくる

経営者だって当然、人を増やしたいとは思っています。

ですが誰でもいいわけではありません。

一度雇った社員は簡単にはクビにできません。

無闇に採用して、その人が成果を出してくれなかったとしても後悔先に立たずです。

人件費はかかり、最悪の場合、**もともといた社員たちの労力や負担が増えて既存事業の業績が悪化する可能性もあります。**

増やしたいのは、当然ながら「優秀な人」にかぎります。

そこで多くの企業が重視しているのが、**社員の紹介による採用活動である「リファラル採用」です。**

リファラルでの採用を増やしたいと、どの経営者、人事担当者も言っています。社員の紹介だとやはり安心で、ハズレがないからです。

それにリファラルは、人材紹介会社に頼むよりもローコストです。人材紹介会社を通して年収600万円の人を採用した場合、だいたい240万円くらいのフィーを人材紹介会社に払うのが相場です。

ですがリファラルでしたら、たとえ紹介者の社員にインセンティブ（報奨金）を払ったとしても、安くて10万円程度、高くても数十万円です。

あなたの会社にリファラル採用制度があるのなら、活用しない手はありません。人を増やしてほしいときは、人事部門に頼むのではなく、**自ら社外から探して口説いて、自社の経営者に引き合わせましょう。**

「うちの会社に入れてやるよ」なんて口約束はせず、「あなたなら活躍できると思うんだけど、一度うちの社長と会ってみない？」と提案してみるのです。

Episode

6年で18人をリファラル採用

インテリジェンスには6年弱勤めましたが、私はその間に合計18人をリファラル採用につなげました。

大学時代の友人、中学の同級生や友達、友達の友達、勉強会で知り合いになった人、キャリア相談を受けた人、などなど。

その方々も入社後に人を誘っていたので、私を起点に数十名の方が仲間になったと思います。高野ファミリーなんて言われることもありました。

これは、役員から「お前の上司になるような優秀な人を連れてきてくれ」と声をかけられていたからです。

ただ、実際に連れていくと「お前、いいやつだな。普通は自分より優秀な人は連れてこないもんだぞ」と言われました。

「え？　あなたが頼んだんじゃないですか」と思いましたが、その役員いわく「優秀な人を連れてきたらポジションを取られるだろう」と。

たしかにそうですが、そんなことはまったく考えていませんでした。

「優秀な人と働きたい」、それによって「自分を成長させたい」とだけ考えていました。そして、会社がもっと伸びるために貢献したかったんです。

ただ、あまりにやりすぎたせいか、5年目のときに人事部に異動になりました。

そして今では、人と企業をつなぐ仕事を本業にしています。

当時のリファラル採用の経験が、今でも生きています。


「ただでさえ忙しいのに、採用まで自分でやらなくてはいけないのか」

そう落胆するかもしれませんが、人の仕事ぶりを見抜いて評価することは経営者の疑似体験とも言えます。

一緒に働く仲間を自ら見つけられるのですから、自分にとってもプラスになります。

あなたが紹介した人が採用されて、入社後に結果を出したら、紹介したあなた自身の評価も上がります。

「管理職のプロ」は必要とされない

あなたが管理職だとしたら、自ら人を採用することはマストな業務です。
今の時代、**「ただ管理するだけの人」は不要だからです。**
「なんて手厳しいんだ」と思われるかもしれませんが、事実です。

階級が複雑に分かれている大企業では、経営者や上司の指示を現場に伝達し、業務を適切に配分することも大事な仕事とされています。

ですが多くのベンチャーは、Slack や Chatwork、LINE WORKS など、便利な共有ツールを活用して経営者と現場が直通でコミュニケーションを取っています。

その他、セールスフォースやさまざまなクラウドサービスのおかげで、あらゆる情報が可視化、共有されています。

階層を超えた情報や仕事の伝達がとても早くて密接なのです。

ですから経営者と現場をつないで管理するだけの人は不要となりました。

そんな時代に、**人手が足りないからといって経営者や人事部に不満を漏らしているだけの管理職は、もはや「仕事ができない人」と思われても文句は言えないでしょう。**

部下にも「この人、いつも愚痴を言うだけで何も状況を変えてくれないな」と思われてしまいます。

転職が当たり前の時代になり、メンバーの離職も前よりも増えています。

そんな時代に「メンバーが辞めたから結果が出せませんでした」は通用しません。まさに他責思考です。

メンバーが辞めたのは自分の責任だと受け止める。

人が急に辞めないように普段から適切なコミュニケーションを取る。

人が減っても支障をきたさないように業務量を調整する。

メンバーが辞めた際に声をかけられるよう、社外の優秀な人の目星をつけておく。

こうした能力が、ベンチャーの管理職には求められるのです。

Episode

経営者であり、人を巻き込む天才

インテリジェンス創業者の宇野さんは、優秀な人を仲間に入れる天才でした。

たとえば、インテリジェンスに営業しに来た証券会社のトップセールスの方は、宇野さんに惚れてそのまま入社し、後に子会社の社長になりました。

とある企業がシステムを販売しに来た際も、その担当者2名は逆にインテリジェンスに入社することになりました。そして大活躍した後に、2人とも起業しました。

宝石を売りに来たところ、宇野さんに魅了されて入社してきた人もいました。

また、インテリジェンスがコンペで毎回負けるライバル会社に、エース的な社員がいました。普通であれば「次は勝とう」と考えるものですが、宇野さんは違いました。

そのエースに会いにいき、夢を語り、一緒に働きたいと口説いたのです。断られ続けましたが、創業10年目でついに相手が折れ、役員として入社してきました。

私が選考を受けていたときも、宇野さんは真剣に話をし、帰りはエレベーターまで見送ってくれて、学生である私に頭が膝に付くほど深々とお辞儀をしてくれました。

宇野さんの半端ない粘りと、真摯な丁寧さに心を動かされてインテリジェンスに入社した人は数多くいました。

宇野さんは経営者でありながら、優秀な人を引き込む「採用の天才」でもあったのです。


起業した今でこそ実感していますが、仕事ができるといっても、結局ひとりでは大したことはできません。一日24時間しかありませんからね。

優秀な人を採用して、誰がやってもうまく回る仕組みをつくる。

そうして、ひとりでできる限界を超えた結果を出す。

そのために動ける人こそ、真に優秀な人であり、組織において人の上に立つべき人です。

ただし、個人の能力が低くていいわけではありません。

ベンチャーではプレイングマネージャーしか必要とされません。

先述のように「ただマネジメントだけする人」なんていらないからです。

近年は「サーバントリーダーシップ」といって、チームのメンバーをサポートするリーダー像が注目されています。

ですがベンチャーにおいては、チームの先頭を走り、良き模範となるリーダーだけが求められます。

たとえ管理職であっても、求められるのは「自身の結果」なのです。

マネジメントもする。採用もする。そしてプレーヤーとして結果も出す。

ベンチャーの管理職には、そのすべてが求められます。

「社長のボール」も奪いにいけ

「採用する人材まで選ぶなんて、まるで経営者のようではないか」

先ほどの話を聞いて、こう思った人もいるかもしれません。

まさにそのとおりです。

部署や役職を越えて仕事というボールを拾いにいく。

その最高峰が、**経営者が持っているボールを奪うことなのです。**

結果を出す人は、人材採用にかぎらず、経営者の思考を先回りして必要な作業をおこなったり情報を集めたりします。

たとえば経営者がＡＩに興味を持ち始めていると感じたら、同業界でＡＩを活用している事例を集めて報告するとか。

いつも経営者がデザイン案を確認しているなら、経営者に見せる際に「自分としてはこう思います」と意見を伝えるとか。

そういった行動や意見がきっかけとなって、経営者は「この仕事、これからはこの人に任せてみるか」と考えてくれるのです。

少しずつ、レベルの高い仕事、裁量のある仕事を振られるようになるでしょう。

仕事を奪うから「権限」をもらえる

要するに、**仕事を奪った先に権限がついてきます。**

本音を言えば、すべての経営者は権限なんて移譲したいと考えています。

現場からは見えづらいかもしれませんが、ベンチャーでもっとも多くの仕事をしているのは経営者です。自ら人生をかけて起こした会社ですから、勤務時間など関係なく人生のすべての時間を仕事に注いでいます。

時間はいくらあっても足りず、任せられる仕事があれば喜んで任せます。

では、どんな人になら経営者は仕事を任せたいと思うのでしょうか。

それは「**自分よりもうまくやってくれる人**」です。

一見して充分なクオリティで自分の仕事を先回りしてやってくれる人には、「まだ自分のほうがうまくやれる」とは思いつつも、仕事を任せたいと考えます。

権限をもらってから仕事を与えられるのではありません。

レベルの高い仕事に手を出して納得してもらえたら、正式に権限を付与してもらえるのです。

役員や社長になった人が、よく所信表明で「思いがけずこのような役回りになりまして……」と謙虚に話していますが、あれは建前です。

すべて嘘ということではないものの、基本的には皆、腹の中では充分に準備して、積極的にチャンスをとりに動いていた人ばかりです。

「待っていれば思いがけないチャンスがくる」なんて、信じてはいけません。

経営者や上司より真剣に仕事を考えて、先回りして行動している人が評価され、出世していくのです。

結果を出せない人が口にする「嫉妬の言葉」

経営者としては、重要な仕事はすべて信頼のおける人にお願いしたいと考えます。

よって、優秀な人に仕事が集中します。

役職者でもないのに、いつも社長から直々に仕事を任されている。

あなたの会社にも、そんな人がいないでしょうか。

周りからすると「なんであの人ばかり」「あの人は社長のお気に入りなのかな」など、あらぬ嫉妬や噂話も出てきます。

ですが個人的な好みで仕事を任せるほど、**ベンチャー経営者は仕事を舐めていません。**基準に達していない人に任せて失敗したくないだけです。

それはその人が、実力で経営者の信頼を勝ち取った証しなのです。

そういった実情を理解せず、「あの人は信頼されていていいな」と妬んでいては、差がさらに開いていくばかりです。

それではいつまでたっても、結果は出せません。

そしてますます経営者からの依頼は、その優秀な人に集中していきます。

今はまだ経営者から信頼されていないなと感じるのであれば、プライドを捨て、**優秀な人に頭を下げて教えを乞《こ》うことです。**

「私もあなたのように社長から仕事を振られる存在になりたいんです」
「どうやって社長の信頼を得たのか、教えてほしいです」

相手にとっては教える義務はありませんが、そこは熱意です。
そうして差分を少しでも埋めて、経営者に認めてもらうことです。

経営者としても、**いつも仕事を任せている優秀な人がパンクしそうだということに気づいてはいます**。決して他の人に任せたくないわけではないのです。
自分の仕事を先回りして奪ってくれる人が増えてくれることを、経営者も願っているでしょう。

このようにして仕事を奪い、結果を出し、評価を得て、権限を与えられる。
そしてより大きな仕事をして、より大きな結果を出していく。
これがベンチャーにおける理想的なステップアップと言えるでしょう。

越境と似て非なる「越権」という行為

部署と部署、人と人との間に落ちた仕事を拾い、経営者の仕事をも取っていく。自分の仕事をしっかりこなしたうえで他の領域もカバーできる人が、つねに人が足りないベンチャーでは重宝されます。

ですが仕事の結果を出すために必要だからといって、**人の仕事を奪って無断で進めてはいけません。**

たとえば企画部門の人が、たまたまクライアント企業の人と知り合った際、その場で意気投合して勝手に共催イベントの口約束をしてしまうとか。

または、まだクライアントでもない企業の人と会い、安請け合いでサービスを受注してしまうとか。


そんな話をパスされても、営業の人からすれば「いや、聞いてないけど」「勝手に決めないでよ」と、戸惑うでしょう。

会社によっては、契約前に営業担当者から伝えておくべき内容があったり、クライアント企業を選ぶ基準もあったりします。

勝手に話を進められては、トラブルのもとになります。


大事なのは、あくまで落ちているボールを拾うことです。

他者が持っているボールを奪ってはいけません。

経営者のボールを奪えとはお伝えしましたが、それは経営者が抱えきれなくなるほどのボールを持っているからです。

クライアントを紹介したり、話を通したりするのは良いとしても、**他部署の仕事**

を勝手に奪うのは越権行為になります。

会社によっては「出すぎた真似をするな」と注意を受けるでしょう。

いかなる場合も「筋を通す」ことは必要

とはいえ、担当外の仕事をする心意気は大切です。

せっかくクライアントになってくれそうな企業の人と会ったのに、「自分は営業ではないから」と見過ごすのは、仕事ができない人です。

大切なのは、**ちゃんと「筋《すじ》を通す」意識を持つことです。**

「弊社のサービスがお役に立てるかもしれません。よろしければ営業部の者を紹介させていただけませんか？」

「先日の交流会で、クライアントになってくれそうな企業の人と会いました。判断は任せますので、よければ紹介してもいいですか？」

率先して行動したうえで、必要に応じて担当者や担当部署につなぎます。
担当外の仕事において、**あなたが意思決定をしてはいけません。**
あくまで、機会をつくってあげるだけです。
ベンチャーだからといってなんでも勝手にやっていいわけではないのです。

じつは上司や他部署にまったく相談をしない人が、ベンチャーには多いのです。
やる気があり野心的な人ほど、独断的に動いてしまいがちです。

本人には、まったく悪気はないんです。
そのほうが会社のためになると真剣に思って行動しただけです。
ですが組織たるもの、**勝手な行動をし続けるとマイナス評価になります。**
トラブルを招く要注意人物だと思われることもあります。

Episode

独断で開催したセミナー

インテリジェンス時代に、クライアント企業から採用相談を受けたときのことです。まだ成長中の企業であったためオフィスが手狭で、先方の社内には会社説明会や面接などをする場所がありませんでした。

そこでインテリジェンスのオフィスで採用セミナーを開き、興味を持ってくれた人にはその場で社長面接もおこない、内定を出す企画を考えて実施しました。

企画としては良いものだったと思いますが、新入社員であった私は上司に相談もせずに勝手に企画して、場所も押さえて開催してしまったのです。

当時としては前例がなかったため、あとから上司に「ちゃんと話を通せよ」と注意されました。

組織である以上、きちんと筋は通しましょう。

担当者がいる仕事なら、その担当者を尊重します。

他部署の仕事に手を出す場合は、とくにです。

私が会社員だった頃も、報連相を大事にすればもっとうまくできたのではと後悔していいます。上司も私のせいで苦労したのではないでしょうか。

「組織のため」という言い訳を捨てる

「自分がやったほうが早いのに……」

組織で働いていると、そう思うことは少なくありません。

仕事ができる人ほど、全部自分でやったほうが早いと思うことは多いでしょう。

ですが組織の縦や斜めや横のラインを越境したりするときには、事前に報連相をおこなうなど、しっかりと筋を通しましょう。

「その仕事はやるな」と言われたら、きちんと従うことが大切です。

「会社のためにやってるんです！」

勝手な行動をとる人が言いがちな言葉です。

ですがその実、会社のためにはなっていないことがほとんどです。

部分最適ならぬ**「自分最適」で仕事をしているだけです。**

その言い訳として「会社のため」と言っているだけです。

他部署の仕事に手を出しておきながら、自分の担当の仕事がうまくいっていなかったりすれば目も当てられません。

それでは**目の前の仕事から逃げているだけです。**


組織で仕事するうえで、調整や我慢はつきもの。

本当に全部自分でやりたいと思うのなら、起業したらいいのです。

あなたの能力や視点が組織のレベルを超えたということですから、そんな思い切った決断も無謀ではありません。

実際、そういった動機で独立して起業した人は意外といるものです。

手を動かせない人がたどる末路

自ら手を動かす。

ここが、**ベンチャーに転職した人がもっともつまずくポイント**だったりします。

先日、とある大企業に勤める新規事業の責任者にお会いしたときのこと。

その人は「新規事業なんて右も左もわからないんです」「コンサル会社の方にしっかり提案いただいています」と、意気揚々と語っていました。

大手企業のときは事務の人やアウトソーシング先のパートナー企業がいて、自分は指示だけ出していればよかった。

外部業者の方が企画提案を持ってきてくれて、**自分はそれをいくつか見て良さそうなものを選ぶだけだった。**

こんな人は少なくないのです。


このような働き方をしている人も、ベンチャーへの転職面接ではこう話します。

「10個の新規事業を企画・実行し、こんな結果を出しました」と。

ベンチャーでは基本的に経営者が面接にも参加します。

面接のプロではないので、こういった話を鵜呑みにしてしまいます。

「大手での経験があり、実績もある。きっと自分たちにはない経験や考え方、人脈もあるだろう。実際にそんな話もしていたし、思い切って採用してみよう」

もちろん経営者も悪気があるわけではありません。

資金調達し、採用計画を立て、その計画を実行して人材拡充もしているわけです。

でも、なかなか結果が出ない。

その悲劇の背景には、**採用した人は「自ら手を動かしてきた人ではなかった」という隠された事実があったのです。**

「育ててもらえる」という幻想

この場合、本当に悲劇なのは採用したベンチャーのほうではありません。**転職した本人のほうです。**

なぜなら自ら手を動かせない人に対して、ベンチャーはわざわざ育てたりチャンスを与えたりしようとは考えません。

というか、そんな余裕がありません。

結果を出せない人は放置して進めていくだけです。

能力のない人でもできる単純作業を割り振られて終わりでしょう。

会社にとっては効率の良い方法ですが、本人にとってはどうでしょう。仕事はできないけれど、誰にも注意されることなく、鍛えられることもなく、ただ誰でもできるような仕事を振られているだけ。

たいていの場合、その環境に耐えきれず、気づくと会社を去っています。当然、その後のキャリアは厳しいものになります。

期待されたことの「12割」の結果を出す

ベンチャー経営者の多くは能力がとても高い人です。
ですから経営者のほとんどは社員に期待してはいません。
期待の8割でもできていたら充分だと思っています。
とある上場企業の経営者などは、私にこう話していました。
「期待の2、3割でも良いと考えるようにしています。あまり期待しすぎてもストレスが溜まるだけですから。うちの会社はまだ有名じゃないし、ここで働いてくれるだけでも感謝しないとね」

ですが、**期待値が低いからこそ期待を超えるのは簡単です。**

経営者が「2、3割できればいいや」と思っているところを、10割やりきる。**権限や職務の壁を越えて12割やる。**

それくらいの気持ちで圧倒的に達成できる人が、高く評価されます。

言われたことを右から左に流すだけでなく、自ら考え、動き、**そこに付加価値をつけて期待を超える。**

それが、上司や顧客から「あの人は頼りになる」「今までに会ったどの人よりも優秀だ」と思われるような人です。

単に「仕事をしました」「言われたことをやりました」という姿勢では、次のチャンスは巡ってこないでしょう。

経営者の「**期待の壁**」**をも越えるということです。**

経営や事業の全体像を意識して行動できる人が評価されます。
よく言われる「経営者目線を持つ」というやつです。
言葉で言うのは簡単なのですが、これができるのは本当に少ない希少な人材です。

あの人に任せれば大丈夫だ。
あの人でもできなかったら、もうそれはダメだったということなのだろう。
むしろ自分の任せ方が悪かった。

そう思われるレベルに、自らを高めることを目指してください。

「会社の壁」を越えるということ

自ら手を動かし、部署や役職の壁を越え、経営者の期待をも超える。
ここまでできれば、あなたの評価は必ず上がるでしょう。
そんな人に最後にお伝えしたい、乗り越えてほしいもうひとつの壁があります。
それは「**会社の壁**」です。
終章にもつながる話として、この章の最後でお伝えいたします。

自分がやるべき仕事で実績が出ていて、社内で評価されている。

では、その次はどうしたらいいのか。

さらに貪欲に成長を目指すなら、**会社の外で活動してみることをおすすめします。**

私もインテリジェンスで働いていた若手の頃は、社外の勉強会や飲み会などに積極的に参加して、仲間づくりに励みました。

社内の人とだけ会っていてもつまらないと感じていたからです。

Episode

社外で出会った人たちと結成した「梁山泊《りょうざんぱく》」

当時、GMOの熊谷正寿さんが初めて本を出すと聞き、出版記念パーティを企画しました。そのときに一緒にやった仲間が、クラウドワークスの吉田浩一郎さん、スペースマーケットの重松大輔さんなどでした。

当時はNTTに勤務していた重松さんは友達をつくる天才で、彼が開いた飲み会や勉強会のおかげで、私は東京でのネットワークを広げることができました。

弁護士ドットコム、Authens法律事務所代表の元榮太一郎さんは、重松大輔さんがご紹介してくれました。当時から日本初、日本一、世界初、世界一を目指して有言実行しており、後に国会議員にもなりました。

クラウドワークスの吉田さんは私より年次は上でしたが、ほぼ同世代です。

彼が当時勤めていたリードエグジビションジャパンを辞め、ドリコムに転職する際に相談に乗ったり、転職後、上場するまでの人材採用支援や、クラウドワークスの前身となる会社で役員をやらせてもらったりしました。

そしてクラウドワークス創業前から声をかけてもらい、役員であり株主でもある形で参画させてもらいました。クラウドワークスは4年もかからずにスピード上場し、その姿を内と外の近いところから見させていただいたことは良い経験になりました。

他にも、フォトクリエイトの白砂晃さんなど、後に上場企業経営者となる仲間が何人もできました。

こういった社外で出会った仲間たちと「梁山泊」という会をつくり、自分たち専用のSNSをつくったり、リアルイベントを開いたりしていました。

この時代に出会った方々が、今でも私を支えてくれています。

会社の壁を越えたことで私の知見は広がり、人脈も広がりました。

若手でなくとも、勉強会や交流会には誰だって参加できます。

仕事に余裕が出てきたら、社外の集まりに積極的に顔を出してみましょう。

「企画者」だけが手にするもの

さらに言えば、**そういった勉強会や交流会を主催する側になりましょう。**

ただ参加するよりも何倍もの恩恵を得られます。


まず、企画力が養われます。

人を集めるのは本当に難しいことです。

ただ「集まりましょう」では、貴重なプライベートの時間を削ってまでわざわざ足を運んではもらえません。

何か面白いことや役に立つこと、ワクワクすることなど、参加者のベネフィットも考慮して企画を考えないといけません。

そして、人を動かす力も鍛えられます。

イベントの参加者はもちろん、ときにはゲストをお呼びすることもあるでしょう。お金の力を使わずに人を動かすとなると、なおさら工夫が必要です。

その経験から、**人はどういうときに動いてくれるのか、どういう声のかけ方をしたらいいのか、誰から声をかけてもらったら動いてくれるのか**など、さまざまな学びを得られます。

誰かと共同で幹事をしたり運営を手伝ってくれるチームがいたりする場合は、チームマネジメントやリーダーシップも学べます。

どうすれば運営全員の責任感を醸成できるか、どのような業務分担が適切か、各人のアイデアや意向にどう折り合いをつけるか、当日はどのように連携するか。

ここまでくると、**もはや本業にも直結する学びを得られます。**

「自分は企画力がないんです」

「リーダーシップもなく、マネジメントの経験もないんです」

そんな不安があるのなら、**周りでできる人を見つけて仲間に誘うのもありです。**
なんでも自分でやる必要はありません。もちろん人には頼っていいのです。
優秀な人を探して、頼ったり任せたりできることも立派なスキルです。

そして、たとえ失敗しても気にすることはありません。
自らの人脈のなさ、企画力や運営能力の低さ。
そういったことに気づけただけでも、価値ある経験です。
そこから新たな成長が始まります。

未来はいつだって「快適ではない場所」から生まれる

若手の頃、私も数々の勉強会や交流会を企画・主催しました。
ですが友人たちが人事や人材業界から離れていってしまったこともあり、ここ十数年はやらなくなってしまいました。

それでも当時のフェイスブックグループには、いまだに2万2000人もの人が登録しています。

そこで2023年に、47歳になって久しぶりに人事人材交流会をリアルで主催しました。

もうHR（Human Resources）業界を辞めてしまった人もかなりいましたが、募集開始後すぐに定員をオーバーして、結果的に60人以上の人が集まりました。

当日は全員に簡単に自己紹介をしてもらったところ、想像以上に若い世代が多く、おかげでHR業界の最新トレンドを知ることができました。

反対に、同年代の友人たちの参加はかなり少数になっていました。

気持ちはわかります。この歳になって初対面の人に気を遣うのなんて億劫《おっくう》ですし、若い人とは話が合わず、共通言語を探すだけでも一苦労です。

だから自分と同年代で気心の知れた仲間たちとの快適な場所（コンフォートゾーン）

に留まるようになります。

ですが、**世の中をつくっていくのはつねに「若い世代」です。**

若い世代のことを知ろうとせずに時代の流れについていくことはできません。

自分より若い人たちからでも学べることは多いのです。大学生からだって、教えてもらえることは多々あります。

とはいえ、社内の若い人から学ぶのはちょっと照れくさいですよね。

普段仕事で指示を出している相手ですから、その気持ちはわかります。

でも、**社外の若い人からなら素直に話を聞けると思います。**

先ほどの交流会でも若い世代が多かったように、社内の上司とは距離を置いているような若い人も、利害関係のない社外の人であれば上の世代とも積極的に交流する意欲を持っていたりします。

勇気を持って会社の壁を越えて、社外のさまざまな世代の人に会いましょう。

役割や会社の枠を超えて、自らの可能性を高めていく。

これがベンチャーで結果を出すための「職務越境」の作法です。

越境によって得た出会いや学びが、いずれベンチャーを卒業したあとのキャリアをつくってくれます。

そう、あなたにとってベンチャーで成功することだけが、人生のゴールとはかぎりません。

そこから旅立ち、**より大きな世界に羽ばたく瞬間が訪れます。**

では、その決断はいつ、どのようにすればいいのでしょう。

ベンチャーで結果を出すための作法は、以上で終わりです。

終章では、結果を出したあと、次の世界に向かうための話をします。

終章

あなたが群れを抜けるとき

「**鶏口と為《な》るも牛後と為《な》る勿《なか》れ**」

こんな言葉がある。

鶏口は鶏のくちばし、牛後は牛のお尻のことだ。

つまり、大きな組織の下っ端になるよりも、

小さな組織であってもリーダーとなれ、という意味だ。

しかし、この言葉を信じてよいのだろうか？

仕事の結果は、組織の仕組みや規模などに影響を受ける。

組織という限界が、あなたが出せる結果の限界となる。

鶏のくちばしで突いても、牛には勝てない。

牛に勝ってより大きな結果を出したいなら、

自分も牛になるしかない。

最後に、ベンチャーで結果を出したあとに考えたい、

「旅立ち」についてお伝えしよう。

「何人辞めた」ではなく「誰が辞めた」が重要

転職は、人生をより良くする絶好の機会です。

しかし、その判断は難しいもの。

私は転職エージェントとして、1万人以上の転職相談に乗ってきました。

話を聞くうちに、「たしかに転職してもいいかも」と思うこともあれば、「まだ転職を考えるのは早いのでは」と思うこともありました。

ベンチャーからの旅立ちは、いつ決断すればいいのか。

本書の終章としてお伝えできればと思います。

「よく人が辞める」は危険信号なのか

まず、いちばん多い転職理由が、これです。

「うちの会社、よく人が辞めていくんです……」

毎月のように退職者がいると不安になるものです。

「この会社、やばいのかな……」

「自分も早く逃げ出したほうがいいのかな……」

そんな焦りにかられます。

実際、ベンチャーは人がよく辞めます。

ビジネスモデルが安定していない、いわゆるＰＭＦ（プロダクトマーケットフィット）

していない創業から10年くらいまでの期間は、人の入れ替わりも激しいものです。**創業当初から数年で過半数の社員が入れ替わっている**ということもあります。

ですが離職者が多いくらいで、焦って自分まで転職を考える必要はありません。どのベンチャーも**20〜30%くらいの離職率はあるのが普通だからです。**勝ち筋のビジネスモデルを見つけるまでに何度も進路を変えるなかで、必要となる人材や活躍できる人材が流動的になるのは当たり前です。

組織にとって「替えの利かない」もの

気にかけたいのは「何人辞めたか」ではなく、**「誰が辞めたか」です。**

たとえば多くの組織には、皆から慕われているムードメーカー的な存在がいます。こういう人が会社を去った場合、組織に重苦しいムードが漂いがちです。

ですが、それは瞬間的なものであり、**意外とその影響は小さかったりします。**

相当劣悪な環境で、その人しか精神的な支えがいなかったというケースでもなければ、また別の人がその業務を引き継いで平常運転に戻ります。

「人間性」や「業務」は、意外と替えが利くのです。


替えが利かないのは「才能」です。

つまり心配したいのは「結果を出している人」が辞めたときです。

いちばん稼いでいる営業のエースや、人気商品を連発しているヒットメーカー。

こういった存在が辞めてしまうと、売上が一気に下がったり、会社の未来を担うコンテンツがつくれなくなったりします。

短期的にも長期的にも影響は致命的なため、自分も転職を考えてもいいでしょう。

ただし、たとえエースであっても、**他者の足を引っ張っていた「ブリリアントジャーク」のような人が辞めた場合はそのかぎりではありません。**

たとえば、営業成績トップのエースだけど、チームマネジメントがすごく苦手で、メンバーにも自分と同じやり方を押し付けるパワハラをしてしまっていた人。

他にも、技術者としてはエースだけど、社内の仕事を独占して自分の好きなようにやり、周りも口出しできなかった人。

こういった人が辞めた場合、**これまでその人の陰に隠れていた別の人の能力が発揮され、新たに活躍するケースもあります。**

エースが辞める場合は、そのマイナスの側面だけでなく、プラスの面もないか考えたうえで影響の大きさを推測して転職を判断しましょう。

あなたの組織の「実質的なブレイン」は誰か

創業者をサポートする「ナンバー2」がいることも珍しくありません。

創業者の企業勤め時代の先輩、後輩、同僚や、学生時代の同級生だったりと、さまざまなケースがあります。

役職においては共同経営者だったり、幹部や役員だったりします。

創業者は「0から1」を発想する独創性にあふれている一方で、そこに再現性を持たせたり仕組み化したりするのは苦手ということはよくあります。

そこでナンバー2が活躍し、事業の実務面をきりもりしていることは多いのです。

そんな組織のナンバー2といえども、**辞めるときは辞めます。**

「創業者に振り回されるのが嫌になった」

「組織が拡大するにつれて、思い描く方針にズレが生じてきた」

「独立して、自分で事業を始めたくなった」

ずっと同じ経営陣で成長し続ける会社のほうが珍しいのです。

理由はどうであろうと、事実上の会社運営をナンバー2がやっていた場合、**その人が辞めてしまったあとの組織はなかなか厳しいものになります。**

創業者は実務から離れているので、再び指揮をとっても見当違いの指示が現場に出され、状況は悪化。結果として組織崩壊することが多いのです。

一方で、ナンバー2が辞めてもそれほど影響がないケースもあります。

社長がしっかりとブレインとして機能していた場合です。

社長補佐的な役回りができる有能な人は、コンサルや大手企業に多々います。そのうちまた有能な「補佐役」が採用されるはずです。

ですから焦って自分まで辞める必要はないでしょう。

自社のナンバー2は「ブレイン」なのか「補佐」なのか見極めておくと安心です。

「バックオフィス」の退職という組織崩壊の予兆

バックオフィスの社員が辞め出したときも危険信号です。

とくに、**経理や人事の人が辞めるときは何か裏がある可能性があります。**

たとえば経理なら、会社として売上は上がっているけど利益がまったく伸びていないとか、利益以上に人件費や原材料費といったコストの増加ペースが速いとか、調達した資金を食い潰しているだけの状態だとか。
人事なら、採用募集を出しても応募がないとか、内定を出しても蹴られるだとか。
そういった内情を知って辞めた可能性もあります。

経理や人事の人が辞めたときは、可能ならその背景を確認したいところです。
その理由がパワハラやセクハラ、給料待遇への不満といったものや、もっと良い会社が見つかったなどのポジティブな理由ならまだいいでしょう。

「将来性」などの言葉が出てきた場合は要注意です。
キャッシュフローなどを把握していた人が言うのですから、信憑性は大です。
バックオフィスの人が辞めるときは、ぜひその真意を探ってみてください。

「120%成長」を喜んではいけない

以前はイケイケムードだった会社も、業績が伸び悩み始めたら転職を考えてもいいかもしれません。

前年対比で98%になった、というレベルの話ではありません。

成長率が150%から120%になったレベルでも伸び悩みと言えます。

「え、充分に伸びてるじゃん？」

そう思ったかもしれませんね。

未上場の大手企業が「成長率は120%でした」と言うならすごいですが、ベンチャーだと「これはきついな……」と、投資家である私は考えてしまいます。投資家から「成長中のベンチャー」として見られるには、**毎年1・5倍で成長するくらいの基準をクリアしなくてはいけないからです。**

成長著しいことが前提であるベンチャーは、それくらい厳しい目で投資家から見られているのです。

「5年で72倍」という言葉の意味

「T2D3」という言葉をご存じでしょうか。

SaaS企業の業績を見る指標のひとつであり、「Triple, Triple, Double, Double, Double(トリプル2回、ダブル3回)」の略称です。

その企業の売上額が前年を基準に毎年3倍、3倍、2倍、2倍、2倍と上昇しているかどうか、という基準で判断する指標です。

つまりベンチャーに求められる成長率は、5年で「72倍」です。

年間売上10億円くらいまでは、この指標をクリアしているような企業が投資市場では評価されます。

こう聞くと、「120%成長」はベンチャーにとってまったく順調ではないことがわかると思います。

Episode

130%成長という「死」

私がいた当時のインテリジェンスには、「とにかく成長しなきゃいけない!」という雰囲気がありました。

今でも覚えているのが、入社3年目で迎えた2002年です。

2000年のITバブルの崩壊、2001年のアメリカ同時多発テロの影響を受け、この2002年は不景気で業績を伸ばすのがとにかく難しかったのです。

それでも、インテリジェンスは前年対比で30%台の成長をしていました。

ですが社内には、「目標が達成できない」「自分たちは完全に終わった」という雰囲気が流れていました。

他の会社から転職してきた人からは、こんなに不景気なのに30％台で成長しているのはすごいことだよと言われましたが、それまでは毎年、倍、倍と伸ばしてきた感覚からすると、30％成長はもはや「成長が止まった」という感覚でした。

それくらい、ベンチャーは圧倒的な成長を続けていかないといけない世界なのです。

当然、売上が数十億円以上と伸びていくと成長率は鈍化します。

ですが私が株式マーケットを見ているかぎり、それでもできれば毎年140％くらいは成長しているのが健全な状態です。

成長率が30％未満の会社は、もうほとんど株価が上がらなくなります。

もちろん企業の将来性を測るのは売上だけではありませんが、株価に対する大事な指標ではあり、投資家の期待値を左右する大きな要素であることはたしかです。

「赤字」が怖くてベンチャーはできない

先ほどの業績とは、売上額の話です。

ここには高い水準が求められます。

ですがこれは、必ずしも事業が「黒字」であることを意味してはいません。

売上の成長率は重要である一方で、**利益はあまり気にしなくていいでしょう。**

生まれたばかりのサービスを広めるには先行投資が欠かせないため、新規事業の黎明期は赤字であることが多いからです。

そもそも、**多くのベンチャーは「アイデアは面白いけど儲からないビジネス」をやっています。**ほとんどと言っても差し支えがないくらいです。

確実に利益が出るような堅実なビジネスでは、先ほどお伝えしたような「毎年2倍、3倍」といった成長は実現できません。

普通は儲かるとは思えない意外なアイデアだけが爆発的な成長を見せます。

だからベンチャーは「数を撃てば当たる」の精神で、さまざまな新規事業を立ち上げます。当然、黒字にならないことも多いのです。

同様に投資家も、10社に投資して1社でも当たればいいと考えています。

とくにシード期の場合は事業の方向転換や路線変更（ピボット）は多いですから、事業というより経営者などの「人」で投資を決めることも多々あります。

ですから創業から間もない（5年くらい）のベンチャーや事業では、**赤字だからといって焦って転職を考える必要はありません。**

それがベンチャーの当たり前なのです。

焦ったほうがいい「儲かっていない」の基準とは

ただ、あまりに儲かっていないビジネスをしている場合は要注意です。

多くの会社は社員1人当たり売上が1000～1500万円くらいはあるもの。社員1人当たりの売上が年間500万円以下だったり、SaaS型のようなストックモデル（定額または従量課金のサービスを提供して継続収益を得るビジネスモデル）にもなっていなかったり。

このような会社の場合は将来的に厳しくなるでしょう。

ちなみにSaaS型ビジネスのスタートアップの場合、提供しているサービスのMRR（月次経常収益：Monthly Recurring Revenue）は15万円以上はほしいところです。

要するに**月額利用料が15万円以上のサービスを販売しているということです。**

MRRが15万円に満たない、もしくは15万円以上でも、経営者自身でないと売れないといった状況は要注意です。

その赤字は「想定内」か それとも「想定外」か

赤字は気にする必要はありませんが、それが計画的かどうかは重要です。毎年2500社ほど挙がる投資先企業のなかで、上場企業は40社程度です。つまり、**投資を受けた状態で上場する企業というのは少ないのです。**

資金調達をほぼせずに上場している会社のほうが多いのが実態です。創業当初は投資を受けていても、投資に依存した状態では大きくはなれません。いつかは事業が黒字に転じて、投資を受ける必要がなくなる「計画」が立っている必要があります。

私が知っている成功した経営者たちは皆、成功するための算段を持っていました。将来を計算したうえで今は赤字に甘んじているのであれば焦って転職する必要はありませんが、**計算もなく将来的な展望が見えない場合は転職を考えてもいいでしょう。**

将来のために、今は赤字になっているのか。

それとも、単純に厳しくて赤字になっているのか。

同じ赤字状態でも、将来性は大きく異なるのです。

中途半端な「黒字」にすがるな

事業が多少の赤字であっても気にする必要はないとお伝えしました。

むしろ、**中途半端な黒字を続けているほうが問題です。**

先ほど、ベンチャーでは120％成長でも落第点だとお伝えしました。

ですが思うように業績が伸びず、勝ち筋がないビジネスなのに5年も10年も続けているような企業があります。

「大きくは伸びていないが、赤字にはなっていない」

「そのうち大きく化けるはずだ」

たしかに「経営で大事なのは諦めないことだ」と発言する有名経営者もいます。

ですがその真意は「会社を成功させることを諦めない」ということであり、事業自体は変わってもいい、むしろ**変え続けなくてはいけないと私は思っています。**

ベンチャーのビジネスには「賞味期限」がある

言うまでもなく、ベンチャーがおこなう事業の武器は「新奇性」です。

規模や値段で大手企業と戦っても勝ち目はありません。

ビジネスの新奇性、意外性、斬新さが顧客獲得におけるすべての命綱です。

つまり、**ベンチャーのビジネスには「賞味期限」があります。**

ビジネスの新しさに価値を感じてもらえているあいだ。

競合が増えてくるまでのあいだ。

大手が参入してくるまでのあいだ。

そういった賞味期限が過ぎたら、そのビジネスは終わりです。

延命しようとしても、たいていは無駄な抵抗で終わります。

落ち目の事業にテコ入れをしてV字回復するケースはとても少ないのです。

それよりも思い切って事業をたたんで、新しい事業を開発したほうが賢明です。


新たに始めたばかりの事業なら、やめるのはそれほど難しくはないでしょう。

それが会社創業時の事業（祖業）となると、そうもいかなくなります。

創業者が作ったものであり、思い入れもあります。創業者が今なお経営をしているのであれば、祖業をやめる決断はなかなかできません。

大赤字なら悩む必要はありませんが、売上もまだまだあったりもする。ただし、成長していない。利益率もそれほど高くない。

そんな事業に見切りをつけられるかどうかが、会社の未来を決めます。

「ピボット」できる会社だけがうまくいく

私はSNSサービス「mixi」がすごく好きでした。

あれが初めて体験したSNSという人も多いかと思います。

ですが今、「mixi」をやっている方はとても少ないでしょう（一部ではリバイバルブーム的に盛り上がっているとも聞きますが）。

どのようなビジネスも、流行りがあれば「廃《すた》り」も訪れます。

ですがmixi社は、廃れゆく「mixi」にしがみつきませんでした。

その後、ゲームや新しいエンタメ系のサービスに挑戦し、次々と当てました。

その結果、今も業績好調な企業のひとつとなっています。

既存事業だけに頼りきっていたら、この成功はなかったでしょう。

私がシード期に投資したベンチャー「カンリー」も、ピボットして成功しました。

当初は宴会幹事代行サービスを事業としていましたが、それについて、私はあまりポジティブな評価はしていませんでした。

そのうえで投資したわけですが、その後、SaaS系ビジネスにピボットしたことで大きく成長しました。


勝ち筋のないビジネスを何年も続けているベンチャーは長くはもちません。

そもそもmixiの祖業は「FIND JOB!」という求人サービスでした。

創業時からの事業でしたが、業績悪化を受けて閉じる決断をされました。

そうやってつねに新しい事業を起こし、成功させ、停滞した事業をたたんでいく新陳代謝ができている状態が、ベンチャーにとって理想的だと言えます。

Episode

たとえ事業を変えても、絶対に変えないもの

事業を柔軟にピボットする一方で、大事にしたいのは「ビジョン」です。

インテリジェンスには、ビジョンに共感して入社してきた人もたくさんいました。

私の入社当時は「人と企業の最適かつ円滑なインフラを構築する」というスローガンを掲げており、その後「日本の人事部になる」に。

そして、私自身もメンバーとして携わったブランド再構築のプロジェクトにより、「はたらくを楽しもう」という言葉に変わりました。

時代や会社の変化とともに言葉自体は変わっていきましたが、その根底にあったのは、宇野さんがつねに言っていた「社会に価値ある何かを残す」という想いです。

会社説明会で配られた資料には、宇野さんのその想いが何ページにもわたってビッシリと書かれていました。その想いを受けて、私は入社を決めました。

事業やスローガンは何度も変わりましたが根底にあるビジョンはずっと同じでした。

このビジョンが社員に根付くよう、研修や日々のやりとり、表彰制度等を構築し、言葉を掲げるだけでなく、浸透に時間とお金をかけているのも印象深かったです。

おかげで私をふくめ、多くの社員の心に今でも根付いています。


ベンチャーが成功するために必要なのは、なんとしても事業を継続させる意地ではありません。**見切りをつけて別の可能性を探る勇気です。**

会社がその事業に見切りをつけられないようであれば、あなたが会社に見切りをつけて別の道を探したほうがいいでしょう。

ちなみに、事業を伸ばす方法はおもに3つあります。

「既存事業の成長」「新規事業」「企業買収（M&A）」です。

「新規事業」が強いのがサイバーエージェントです。

一方で楽天のように「M&A」で業績を伸ばす会社もあります。

たとえばソフトウェア支援事業をおこなうベンチャー「SHIFT」は、ソフトウェアのテスト領域から飛び出し、SIer系の会社も買収して事業を拡大しています。

彼らは既存事業も伸びていますが、M&Aでの拡大が著しい。これもまた成功する会社のパターンです。

落ち込んだ既存事業に執着しているのがいちばん危ない状態です。

新規事業でもM&Aでもいいので、事業をピボットしたほうが結果は出ます。

その決断ができないような企業に、明るい未来はこないでしょう。

自分の「市場価値」がわかる瞬間

あなたはSNSをやっているでしょうか。

SNS経由で採用オファーがきたときは、転職を考えてもいいかもしれません。

それは、**あなたの市場価値が高い証しだからです。**

転職を考える際、ほとんどの人が転職サイトか転職エージェントに登録します。

ですがそこで出合えるのは、人が辞めるなどして焦って求人を出しているなど、「すぐに採用したい！」という急ぎの募集が中心です。

転職支援サービスは「今すぐ転職したい人」と「今すぐ採用したい企業」をつないでいるのです。

優良企業が「転職サービス」に求人を出さない理由

一方で、**優秀な社員が集まっている企業は、転職サービスには求人を出しません。**優秀な人は目的もなく転職サービスに登録したりしないと知っているからです。

今の仕事で結果を出していてステップアップを考えている人は、たいていの場合、次に狙っている企業があります。

ですから不特定多数の求人案内が届く転職サービスに頼るようなことはせず、気になっている企業のＨＰを見て求人情報を確認するなどして情報を集めます。

もちろん転職サービス利用者のなかにも、成長やステップアップなどのポジティブな理由で転職を検討している人が皆無というわけではありません。

ですが大半は、今の職場の待遇に不満がある、人間関係が嫌になった、仕事に飽きたなどのネガティブな理由で転職を考え、**「良い求人案内がきたらいいな」と、受け身の姿勢で登録している人です。**


優秀な人材が集まっている企業は、もちろん優秀な人材を採用したいと考えます。そのため、ネガティブな動機の人が多い転職サービスには求人を出さないのです。

ベンチャーの人材採用は「ダイレクト」が主流

では、どのようにして優秀な人材を集めるのか。

現在主流になっているのが、SNSでのアプローチです。

X（旧Twitter）やFacebookなどで、いきなりDM（ダイレクトメール）がきて誘われるなんてことは珍しくないのです。

いわゆる「**ダイレクト・リクルーティング**」**と呼ばれる手法です。**

ただでさえ人材不足のこの時代、優秀な人材は取り合いになっています。

たまたま優秀な人が採用募集に応募してきてくれる。

そんな奇跡を信じて待っていても意味がありません。

そこで、自社から積極的に声をかけ始めているのです。


よって直接のオファーは、あなたが「優秀だ」と思われている証しです。

そして相手企業も、「誰でもいいから来てくれればいい」ということではなく、**しっかりと人材を見極めている優良企業であることが多いでしょう。**

話を聞いてみる価値はあります。

「SNS」から逃げている人たちへ

このようにSNSは、思わぬキャリアアップのきっかけになります。

ベンチャーに勤めているのであれば、ぜひ積極活用することをおすすめします。

ですがときには、SNSをやっていないという人も見かけます。

ポリシーを持って「やらない」と決めているなら、それでもかまいません。

ただそうではない場合、それはただの「逃げ」なのではないでしょうか。


SNSは自身のビジネススキルがかなり試されます。

継続的に情報発信するための「インプット・アウトプットスキル」。

多くの人が見たくなる投稿をする「マーケティングスキル」。

引き込まれて、反応したくなってしまう文章を書く「ライティングスキル」。

自身にこれらの力がないことを痛感するのが怖くて、SNSに本気で取り組もうとしない人も多いように感じます。


「SNSなんかやらなくてもリアルが充実してるからいい」

「別にフォロワーがほしいなんて思ってない」

それは**「やって失敗する」のを避けるための言い訳になっていないでしょうか。**

今は、もはや多くの人がテレビよりもＳＮＳを見ている時代。

ＳＮＳは必須のインフラであり、それを活用する能力も必須スキルと言えます。

いつまでも逃げ続けるわけにはいきません。

X、Facebook、LinkedIn、Instagram、YouTube、TikTok……。
実名でやると実際のビジネスにも活きてきますが、職業柄難しいということであれば匿名でもかまいません。

どれでもいいので本気で取り組んで、**フォロワー1万人を目指してみてください。**

達成する頃には、現実世界で役立つスキルもかなり磨かれていることでしょう。

「実力以上」のオファーを得るためにできること

ここまで言っても、ＳＮＳに真剣に取り組む人は１００人に１人いないくらいでしょう。継続までできるのは1万人に1人くらいという実感です。

ＳＮＳは見ているけど、自分では投稿やフォロワーを増やそうとはしていない。そんな人がほとんどです。

しかし現代社会では、**ＳＮＳのフォロワー数や反応の数は「資産」になります。**

「錯覚資産」という言葉を聞いたことがあるでしょうか。

ブロガーのふろむださんが、著書『人生は、運よりも実力よりも「勘違いさせる力」で決まっている』で提唱して話題になりました。

同書は「人々が自分に対して持っている、自分に都合のいい思考の錯覚」および、それを引き起こす事実のことを錯覚資産と名づけています。

たとえば「大手企業に勤めているから優秀なのだろう」「ベンチャーに勤めているから仕事が好きなのだろう」といった認識。

勤め先の企業と本人の能力は無関係ですが、多くの人は、ひとつの情報に引っ張られて全体を評価してしまいます。

こういったプラスの錯覚を起こせる事実は、まさに資産となるわけです。

ＳＮＳのフォロワー数も錯覚資産をひとつです。

今やインフルエンサー的なビジネスパーソンは珍しくはなくなりました。

それでも、フォロワーが多い人は「何かすごい人だ」と思われがちです。

自分を適切にアピールし、フォロワーを増やせれば、**自分の実力や経験以上のレベルの企業から採用オファーがくる**ことも夢ではありません。

学歴や職歴以上にＳＮＳのフォロワー数を重視するベンチャーもあります。

インフルエンサー的な人が社内にいたら広報活動がラクになるからです。

社会に発信できる「自分の仕事」があるか

ただし、「盛った投稿」は禁物です。

何も成し遂げていないのに自分の実績や能力を大きく見せようとしても、必ずボロが出ます。

気持ちはわかりますが、仕事を辞めてから探すと冷静な判断ができなくなります。失業給付金などもありますが、**収入ゼロの状態が続くとしだいに焦りが出ます。**次の会社がなかなか決まらず無職の状態が長くなると、やがては「雇ってくれるならどんな会社でもいい！」とヤケになりがちです。

これでは良い転職になるはずがありません。

それに面接を受ける際にも、面接官からは「次の職場も決まっていないのに辞めるなんて、何かトラブルでもあったのかな」「リスク管理能力がないのかな」など疑われたり邪推されたりすることもあります。

どれだけ忙しくとも、**今の会社を辞めるのは次の会社から内定を得てからです。**勤めながら転職活動をするスケジュール管理能力、マルチタスク能力がないのであれば、転職なんてせず今の職場に感謝して働き続けるほうがいいでしょう。

退職の意思を伝えたことで引き留めや妨害にあう可能性もあります。

「他の会社で通用するの？」

「仕事を投げ出すなんて、責任感がない」

そんな言葉を浴びせられるうちに、せっかくの決心も揺らいでしまいます。

ひどいケースだと、転職活動ができないように大量の仕事を押し付けられたり、転勤させられたりすることもあります。

会社に転職や退職の予定を伝えるのは、次の会社が決まってからにしましょう。

「良い転職先」を見つけるために絶対にしてはいけないこと

「働きながら転職先を探すなんて無理。いったん辞めてから慎重に探したい」

そう考えて辞めた結果、**路頭に迷って良い転職ができなかった人もいました。**

少し関わったくらいの仕事を「自分の仕事」としてアピールするのもいけません。

SNSはあくまで広く伝えるための道具です。

伝える「中身」を充実させることを疎かにしてはいけません。

仕事というボールを積極的に拾い、**「自分の仕事」として堂々と発信できることを増やしていきましょう。**


胸を張って「自分の仕事だ」と言えるような実績を上げる。

それをSNSで社会に伝えて、「自分の看板」で勝負できる人になる。

そこから、思いがけないオファーやキャリアアップにつながっていく。

これが適切な順番です。間違えてはいけません。

会社を去ることは「恩返し」でもある

ベンチャーを辞める判断基準についてお伝えしてきました。
最後に、「辞めるときの作法」についてお伝えしておきます。

次の会社が決まってもいないのに、上司や同僚に相談してしまう人がいます。
「今の会社に迷惑がかかるから」との配慮で事前に伝えているのでしょう。

ですが、**退職前に社内の人に転職の相談をするのは絶対にやめてください。**

するか、あなたがかなり優秀でないかぎり、そのポジションは奪えません。

活躍できる機会はなかなか回ってこないでしょう。

その人の数倍、数十倍の努力をして成長する覚悟があるのならありとは思いますが、実力を発揮する機会に恵まれないのはもったいない状況です。


転職先として選ぶなら、自分のようなタイプが不在の企業です。

たとえば営業スキルがある人なら、技術力のある会社を選ぶとか。

むしろ「**この会社や経営者は営業の重要性がわかってないな**」と思うような会社**のほうが、入社後に自分のポジションが持てます**。

経営者もよくわかっていませんから、あなたの意見を尊重してくれるでしょう。

理解のない社内の人を巻き込んで動かしていくのは苦労するかもしれませんが、経験を積み、実績を上げるという意味では、その機会があふれています。


会社の弱みと自分の強みが凹凸の関係のときに、最大の評価を得られます。

これに気づいていない人は案外多いのです。

「あなた」がいなくなっても組織は変わらず回る

会社に退職の意思を伝えたら、1ヶ月半ほどで退職するのが平均的です。法律的には即日退職も可能ではありますが、それではさすがに恩知らずです。現職企業からは「もっと長く残ってほしい」と強く頼まれるかもしれませんが、次の会社を待たせすぎると、**内定取り消しのリスクもあります。**

次の会社もベンチャーであるなら、とくにです。何ヶ月も人員が不足したまま待ててるほどの余裕はありませんし、数ヶ月後とはいえ、その頃に会社やマーケットがどうなっているかわからないからです。仮に入社を待ってもらえたとしても、その後、突然のトラブルやマーケットの変化などの事情で採用を取り消させてほしいと言われることもあります。

「でも、わずか1ヶ月半で退職すると今の職場のみんなが困るのでは……」

そう思いたくなりますが、**だいたいは杞憂で終わります。**

私もインテリジェンスを退職したときにそう思ったのですが、驚くほどなんともありませんでした。

私の退職後も、インテリジェンスは変わらず成長していきました。

直属の上司は困ったかもしれませんが、全体を見ればなんとでもなるわけです。

あなたが組織にできる「最高の恩返し」

もちろん優秀な人であれば、抜けた穴は大きいものです。

ですがその穴を埋めようと努力して、**新たに台頭する人が必ず現れます。**

レベルの高い仕事ができるようになったあなたが組織を抜け、その空いた穴を埋めるために、また別の人が育っていきます。

古株の社員ばかりになったベンチャーに明るい未来はありません。

思考が旧態依然として、行動や挑戦する勇気もなくなります。

健全な新陳代謝がなされていることで、ベンチャーはその強みを保てるのです。


しっかり結果を出してきたなら、経営者も咎めはしないでしょう。

「今までありがとう。これからも頑張って」

そう言って、背中を押してくれるはずです。

それに、**巣立っていった人たちがさらに活躍をすることで、「あの会社出身の人は皆素晴らしい」「あの会社に入ると成長できる」と、良い評判が広がります。**


ベンチャーを辞めるときがきても、後ろめたい気持ちを抱く必要はありません。

これから先、さらに成長して、大きな仕事を成し遂げる。

それが、あなたに経験を積ませ、成長させてくれたベンチャーに対してできる、いちばんの恩返しになるのです。

おわりに――
やがて世界を変える皆さんへ

ベンチャーという世界には可能性があふれています。

「忙しいだけで、給料は低い」

こういったかつてのイメージより、現実はだいぶ変わってきました。

ベンチャーの資金調達額はこの10年で10倍とも言われるほど上がりました。

お金があるわけですから、給与も高くなります。

近年では大手企業よりも給料が高いベンチャーも増えています。

自社を上場まで導き、ストックオプションで億万長者になる人や、一夜にして上場企業の役員になる人もいます。

新しい技術や手法に触れながら、一般企業の何倍もの速さで経験を積み、トライアンドエラーを繰り返し、着実に成長していく機会にもあふれています。

この本で紹介した作法を身につけ、うまく適応できれば、必ずや結果を出し、多くのチャンスを得られることでしょう。

ベンチャーで実績をつくって、さらなるキャリアへと飛び立つ人もいます。

大手企業に転職する方もいれば、外資系のコンサルファームに転職する人も。

もちろん、独立して起業し、経営者になる人も多々います。

私がキャリア相談に乗ったなかで、その後、政治家になった人も何人かいました。

ベンチャーで荒波に揉まれた経験は、その後のキャリアに必ず活きます。

ただ、この本の最後に、ある告白をします。

じつは私、**すべての人にベンチャーへの転職を勧めているわけではありません。**

こんなことを言うと「嘘だろ？」と思われますが、本当です。

以前よりはクリーンになったとはいえ、いまだに「一寸先は闇」の世界です。

この本でも伝えてきたように、ときには長時間労働や、理不尽な指示などを受け入れなくてはいけないこともあります。

そして多くの会社は、思ったとおりには成長しないものです。

赤字を垂れ流しながらサービス開発をしている会社も少なくありません。

資金調達をしたからといって、給与はそれほど上がらないこともよくあります。

今は急激な成長を見せるグロース株はかなり減り、SaaS企業のＰＳＲ（株価売上高倍率：企業の株式時価総額が1年間の売上高に対して何倍の水準になっているかを示す指標）は30倍から5倍に低下。目先の給料は上げにくくなっています。

もちろん、会社が計画どおりかそれ以上に成長していたり、仕事で結果を出していたりすれば、順調に給与が上がっていくこともあるでしょう。

ですが今は、そういった好調なベンチャーはあまり多くないと言えます。

こんなことを書くと投資家の友人たちに怒られそうですが、嘘もつきたくないので正直にお伝えしておきます。

この現実を知らない人、見ようとしない人にまで、ベンチャーへの転職を勧めることはありません。


それに、ここまでにお伝えしてきたように、ベンチャーには「向いている人」と「向いていない人」がいます。

行動力があり、柔軟に方向転換しながら、仲間を巻き込んで突き進める人などは、ベンチャーに向いています。

一方で、思慮深く、物事を慎重に考えて入念に準備し、ひとりで黙々と作業を進めるような人は、もしかしたらベンチャーには向かないかもしれません。

これは、ただの相性の話です。

後者の人は、大企業や保守的企業などでは重宝されることでしょう。

こういう人には、たとえ本人が希望していたとしても、ベンチャーを無理に勧めることはありません。

実際、本書の執筆にあたって、私が過去にキャリアや転職の相談に乗った人たちにコンタクトをとったところ、「転職せずに、今の職場で頑張ったほうがいいと言われて勇気をもらえた」「あなたはベンチャーには向いてないとハッキリ言ってもらえてよかった」などの声をいくつもいただきました。

転職は人生を左右する大きな転換点ですから、嘘はつけません。

ベンチャーに入ってから「こんなはずではなかった」と、悩んでいる人もたくさんいます。

ベンチャーこそが良い環境だ。

ベンチャーで成功することだけが人生だ。

そんなこと、言えるはずがないのです。

たとえベンチャーで結果を出せなかったとしても、他の生き方があります。

その選択肢まで、捨てるようなことはしないでください。


ただ、だからこそ。

そんな厳しい世界に挑戦する人を増やしたい。

勇気を持って飛び込んだ人を、全力で応援したい。

これが今の私の素直な想いです。


本書の執筆中、ずっと頭の中に浮かんでいた、いちばんの読者がいました。

インテリジェンスに入社した当時の私です。

プライドが高く、上司にも楯突いて、勝手な行動をしていた、私です。

もっと素直になっていれば、早く結果を出せて、さらに大きな仕事を任せてもらえたのに。

当時の自分に贈るような気持ちで、本書を書きました。

あなたの経験や思考は、もちろん大事です。

でも、結果を出すことで初めて開ける視野や世界があります。

「**すべては、結果のあとについてくる**」

あれこれ疑念や不満を抱きそうになったときは、この言葉を思い出して、いったん無心で取り組んでみてください。


本書の「はじめに」でもお伝えしましたが、私はベンチャーこそが、この国の未来を、そして世界を変えてくれると信じています。

無謀で、新しくて、面白いビジネスに挑戦する経営者が。

そして、そんな経営者に振り回されながらも必死に食らいつく社員たちが、ビジネスの未来を変えてくれると信じています。


未来をつくるのは、いつだって「よそ者・若者・バカ者」です。

微力ながら、そんな人たちをこれからも支えていきたいと思います。

Special Thanks

最後になりますが、これまでお世話になった方々に感謝をお伝えします。

重松大輔さん 吉田浩一郎さん 元榮太一郎さん 瀧口浩平さん 木下慶彦さん 立花孝行さん 白土良之さん 大冨智弘さん 織田一彰さん 久保泰一郎さん 中村慎也さん 梶川拓也さん 田中宏幸さん 橋本智さん 田中慎二さん 勝木健太さん 中山詩都さん 牧野潤さん 高橋祥子さん 三浦苑子さん 鈴木章裕さん 石井一穂さん 長沢匡哲さん 長沢和宙さん 辻拓也さん 野村博幸さん 三木寛文さん 吉岡諒さん 川合幸治さん 松永和彰さん 野村宜弘さん 小笠原治さん 佐々木誠さん 岩崎司さん 坂田光太郎さん 吉川昭嘉さん 石井宏和さん 宮光男さん 今村柚巴さん 岡山潤さん 阪根信一さん 荒川大さん 常見陽平さん 佐々木恒平さん 竹内壮輔さん 松尾謙吾さん 本荘修二さん 市川大樹さん 高橋拓也さん 渡辺康彦さん 井内絢子さん 中村真理愛さん 大寺一清さん 田所洋平さん 菊地愛子さん 櫻井諒さん 渡邊恒介さん 松元貴志さん 萩原隆史さん 安藤広大さん 韓英志さん 綱川明美さん 佐藤太一さん 三木健司さん 吉兼周優さん 大槻秀光さん 牧野哲也さん 荻田芳宏さん 仁平理斗さん 礒邉基之さん 久保田修司さん 博多一晃さん 小久保孝咲さん 廣岡絵美さん 水嶋泰一さん 山本玲奈さん 加藤直人さん 河野清博さん 石川聡彦さん 蛎田一博さん 望月祐介さん 横山彩乃さん 砂川大さん 佐藤詳悟さん 安藤正樹さん 水野裕嗣さん 山梨剛史さん 丹下大さん 新井貴雄さん 木嵜基博さん 野村博幸さん 飯田悠司さん 須川史啓さん 佐藤孝徳さん 中道貴也さん 山路健一郎さん 千村真希さん 伊藤健吾さん 渡邉拓さん 佐藤康成さん 徳重徹さん 金靖征さん 小林稜平さん ブルーム・タミルさん 大島黎さん ロビンソン・コスモさん 川上拓人さん 堺悠斗さん 吉田壮汰さん 大谷隼一さん 辰巳衛さん 秋山祐太朗さん 山田修さん 中村仁さん Md. Jashim Uddinさん 中山善貴さん 市川大輝さん 佐藤大輝さん 清水康平さん 土井佳南子さん 栗林志誓さん 齋藤理人さん 遠山さくらさん 永見日菜子さん 村尾祐弥さん 原敬輔さん 佐川悠さん 垣内勇威さん くまいゆうさん 青木隆幸さん 豊田善補さん Kamal Hossainさん そして、両親である高野秀策、高野たつ子、仕事もサポートしてくれている姉の菊地由美子。

他にも多くの方々にお世話になって、これまでやってきました。
本当に心から感謝いたします。

［著者］
高野秀敏（たかの・ひでとし）
株式会社キープレイヤーズ代表取締役。東北大学特任教授（客員）。文部科学省アントレプレナーシップ推進大使。これまでに1.1万人以上のキャリア相談、4000社以上の採用支援をおこなってきたヘッドハンターかつ経営者。とくにベンチャー・スタートアップへの転職支援に特化している。エンジェル投資家、顧問、社外役員としても活動しており、関わる企業は173社。識学など投資先企業7社と、創業から役員として関わったクラウドワークス、メドレーの2社が上場している。新卒ではインテリジェンスに入社。上場時のメンバーとして、ベンチャーから大企業への変化を身をもって体験した。自身も圧倒的な結果を出し、その後に独立。シリコンバレーの投資会社、バングラデシュの不動産会社と銀行の、設立当初からの株主にもなっている。「転職」「キャリア」についての著書多数。X、Instagram、TikTok、YouTubeなどでも、キャリアやベンチャー転職などについての発信を積極的に行う。専門である「ベンチャー」をテーマにした書籍は本書が初。

ベンチャーの作法
――「結果がすべて」の世界で速さと成果を両取りする仕事術

2024年11月26日　第1刷発行
2025年6月4日　第5刷発行

著　者――高野秀敏
発行所――ダイヤモンド社
〒150-8409　東京都渋谷区神宮前6-12-17
https://www.diamond.co.jp/
電話／03·5778·7233（編集）　03·5778·7240（販売）

ブックデザイン―山之口正和＋永井里実＋高橋さくら（OKIKATA）
ＤＴＰ―――茂呂田剛＋畑山栄美子（エムアンドケイ）
校正―――円水社
製作進行――ダイヤモンド・グラフィック社
印刷・製本―勇進印刷
編集担当――石井一穂

ISBN 978-4-478-11937-2